あたりまえだけど
なかなかできない

60歳からのルール

古川裕倫

明日香出版社

人生100年時代
定年は単なる区切りだ

後悔なく、
やり切る人生
を選ぼう

夢、仕事、遊び
いくつになっても
男は持ち続けるもの

まえがき

私は今、63歳である。

サラリーマン生活からは9年前に卒業した。

最近は仕事と社会貢献、学びと遊びがリンクした毎日を送っている。

現役時代に苦痛だった早朝の通勤電車の代わりに、ゆっくりと家を出て四季の移ろいを楽しみつつ仕事場に向かう。

気の合う人たちと楽しく仕事をし、充実感を持って毎晩のように心地よい一杯に酔いしれる。


そんな今をエンジョイしているかと聞かれたら、「はい」と答える。

幸せかと聞かれたら「とても幸せである」と言い切る。

20代から仕事を続けてきて、選び取った「今」である。

老い・病・死の恐怖もなくはないが、それは極めて自然のことかと理解している。

◆まえがき

私は哲学者でも宗教家でもなく、ありふれた人生を歩んできた凡人でしかない。仕事でも人生でも数々の失敗をしてきて、読者の皆様に偉そうに言える立場には決してないが、『あたりまえだけどなかなかできない　51歳からのルール』（古川裕倫、明日香出版社）の続編として本書を書かせていただく。

本書は、定年はまだまだ先な方にも、60歳にこだわらず、できる限り早い段階でお読みいただきたいと思う。

準備という意味では、早すぎることはない。

私が大切だと思うところは、『51歳のルール』と重複する部分もあるが、ご勘弁いただきたい。（大変偉そうではあるが）著者としての変わらぬ思いであり、本書だけを読んでいただいても私の思いがお伝えできるよう、51歳と60歳の共通の課題もあえてご紹介させていただきたい。

古川裕倫

あたりまえだけどなかなかできない

60歳からのルール

2章 サラリーマン生活からの卒業と新生活の工夫

3章 「働く」を楽しむ

4章　今だからできる挑戦

5章　好かれるオッサンになる

6章 一生持てる学びと遊び

7章 「老い」とのつき合い方

カバーデザイン：渡邊民人（TYPE FACE）

1章

やりたいこと
だけする
生き方

60歳からのルール
01

定年を楽しく待とう

定年後の具体的なプランを持っている60歳は意外に少ないように思う。

定年とは言うまでもなく、ある一定の年齢に達したら会社を辞めることとか、辞める年齢のことだが、実は万国共通のものではない。

アメリカやカナダでは、年齢による差別は法律違反なので、「○歳になると辞めなければならない」という定年はない。

「引退」（a retirement age）というのは、自分の意思で引き際を決める歳のことだから、リタイアメントは、「Happy retirement!」と明るく祝ってもらう。

自分で引退を決めるのだから、ほとんどが次の仕事には就かない。迷うことなく、楽しみにしていた年金生活に入る。

日本の定年というのは、湿っぽい。

多くがある程度の我慢をしながらも、長年たゆまぬ努力をしてきたことに会社や家族や知り合いが「お疲れ様でした」と慰労の意味を込める。

「ここは学校じゃないんだ」と新人に厳しくハッパをかけていた当人が定年の挨拶で「今日、卒業しました」などと涙するのは、どんな気持ちなのだろうか。

定年、老後という言葉にはどことなく暗い、もの悲しいイメージがある。

そんなこともあって、定年になってどうしようと具体的に考えている人が少ないのかもしれない。

私の同期もほとんどが定年退職したばかりだが、多くが「仕事があれば考えるが、なければそれなりに」というぐらいで、特別の考えを持っていないようだ。

60歳から、引退してゆっくりするか、雇用延長に応じてその場で働くか、それとも別の職場で仕事を継続するかは、のちに紹介するように大違いである。

自分で選べる自由を手に入れた今、楽しくこれからのことを考えたい。

60歳からのルール
02

人生は短いからやりがいがある

私は、哲学者でもないし、宗教家でもないので、間違っていたらご勘弁いただきたい。

書物を通じてのささやかな知識であるが、仏教では、「老い」「病」「死」を人間は恐れるという。

ただ、修行をしてそれらを克服せよとは言っていない。それらは自然なことであり、そのまま恐れとして持っていたらいいそうだ。

これらは逃れようとしても逃れられない人間のサガなのだと仏教ではいう。

確かに、自然のことならば、自然にしていればいい。

私が研修や講演をするときに、参加者に「何歳まで生きたいですか」と聞くことがよくある。だいたいの答えは70年とか長くて100年である。

若手に聞いたら「60歳」と言う人もいる。それなら、私はすでに死んでいなければいけない（コラー！）。

女性は長生きだが、200歳も生きたらクシャクシャのシワだらけになっているだろうから、それはイヤと言っていた。

ありえないが、もし5000年も生きることができるなら、毎日真面目にやりはしないだろう。私なら今から300年ぐらいは寝ていたい。

そう考えると、人生にはキリがあるからおもしろい。

人生は短いからやりがいがある。

では、残された人生をどう送るか。

人生のゴールをどう置くか。

何をするかは別にして、残された毎日をしっかりと有意義に生きたい。

60歳からのルール
03
今日1日しかないと思って生きよう

ある50代の人間から、「ピンピンコロリ」とか「死」についてまだまだ考えもしないと言われた。

確かに元気いっぱいで仕事をしていれば、そうだろう。

ただ、幸せに生きたいと思うなら、知っていた方がいい。

人生に限りがあるとちゃんと知るだけで、毎日を有意義に過ごしたくなる。毎日が楽しくなる。


いくら頑張っても死というものから逃れることはできない。

だから、生きている間に価値がある。毎日を大切に生きよう。

そう説いているのが、吉田兼好である。基本は「無常観」だという。

無常とは、人の知恵や力を超えた目に見えない力があり、人の人生や世の中ははかないものだという思想である。

似たことを、アップルを創ったスティーブ・ジョブズも語っている。

ジョブズの講演をネットで探してみていただきたい。「スティーブ・ジョブズ　スタンフォード大学」で検索すれば一発で出てくる。

その中で一番私が共感するのは、

「毎日を人生最後の1日だと思って生きなさい」

という言葉に17歳のときに出会ったストーリーである。

それを実行してみて、こう思ったという。

「(今日しかないので) 決断に迷わない」

「(今日しかないので) 変なプライドを持たない」

「(今日しかないので) 毎日が有意義であった」

人生に終わりがあることを頭に入れておくと、人生は楽しそうである。

60歳からのルール
04

時間は年とともに加速する

歳をとってくると、時間の経過が加速するように感じる。

最近は1年などすぐ経ってしまい、年賀状を書くのが煩わしい。

貝原益軒は『養生訓』で老後についてこう述べている。

「若き時より、月日の早きこと、十倍なれば、一日を十日とし、十日を百日とし、一月を一年とし、喜楽して、あだに日を暮らすべからず。つねに時日を惜しむべし」

意味はこうだ。年を重ねていくと10倍のスピードで時間が経っていく。だから、時間を10分の1のつもりで暮らせ。時間を無駄にするな、と。

確かにただ時間に流されていると、あっという間に人生は終わってしまう。

会社時代は、働くという目標があったものの、それが終わったとたんに「セミの抜け殻」のようになってしまう人もいる。

私は原稿を書きによく近所の喫茶店に行く。平日の昼間は会社を定年した常連さんがいて、カウンターの中の美人女性経営者と話が弾んでいる。人の話を盗み聞きするつもりはないが、よく会話が耳に入ってくる。

私は、知らん顔をして、その会話をパソコンに打ち込む。悪いが、本書の参考にもさせていただいた。

話の多くは企業戦士時代のもので、「○○会社ではあんなことやったものだ」などと昔話に花が咲いている。

いずれも立派に会社を勤め上げた人たちだろうが、過去形の話が圧倒的に多く、「これから○○したい」という未来形の話がほとんどないのが残念だ。

これからの10年が、益軒が言うように若いときの1年と同じ感覚で進んでしまうなら、60代には過去を懐かしんでいるヒマなどないのである。

ダッシュで前進しよう。

あっという間に10年20年経って、やり残しばかりの人生になってしまう。

60歳からのルール
05

これから1日をどう過ごすか考えてみよう

60歳から仕事を続けるのか引退するのか、まだ決断できないなら、シミュレーションしてみると手っ取り早い。

引退生活は、これまでと劇的に変わる。

長年サラリーマンをしてきた人は、自由時間の使い方に不慣れである。

これまでは実質上、会社が自分のスケジュールを決めてくれているが、今度は週7日間、すべて自分で決めなければならない。

引退生活を理解するために、定年になる前に、ぜひ溜まっている有給休暇の消化を兼ねて次の場所を見ていただきたい。

これから平日をどう過ごすかを考える人にとって、きっと有益である。

ただし、平日昼間に行くことが肝要である。

①スポーツジム：

驚くほど平均年齢が高く、平日の朝は、どこも高齢者の集いの場となっている。少子高齢化を考えるとあたりまえのことかもしれないが、ここを見るとそれを実感いただける。

②喫茶店：

通勤人が出かけてしまった頃の喫茶店に行くと、定年後の人たちの話が聞ける。一杯600円のコーヒーをお代わりして、話し込んでいる人が多いのにビックリする。

③開店直後の居酒屋や3時頃からやっている飲み屋：

夕方開店直後の居酒屋では、定年後の人たちが現役より一足先に一杯やっている。そういう生の話に知らぬふりして隣の席で聞き耳立ててみたらいい。

平日昼間の雀荘なども、オッサンたちの熱気でムンムンである。これまで仕事にかけてきた、ありあまる力を発散させる場所が必要なのかもしれない。

60歳からのルール

06

やり切ったから、何もしないという選択

「長い現役生活お疲れ様でした」

と自分で自分をほめてあげて、その後、仕事から全く離れて完全リタイアするのもいい。

私の先輩に63歳で完全引退し、ゴルフ、競馬、麻雀を極めている人がいる。孫の世話も時々しているとのこと。

引退後4年も経っているが、いつもニコニコ顔の彼は、

「ぜーんぜーん働きたいとは思わない。これまで長く働いてきたのだから、自由気ままに生きたい」

「時間に拘束されるのがイヤ」

とおっしゃる。

これはこれで幸せなリタイア生活である。

この先輩は読書家であり、毎日のように本屋にフラリと行っては好きな本を買い、読書をエンジョイしているという。

「晴耕雨読」という言葉がぴったりの人生である。

別のリタイアした先輩はこう言う。

「現役のときのように数字に追い回されない生活は楽しい」


このようにリタイア組でも、毎日楽しそうに過ごしている人はいい。

自分の人生だから自分がやりたいことをすればいい。全く自由である。

毎日何もすることがなくて、抜け殻になってしまうと、楽しい話題も笑顔も失われてしまう。

笑顔で過ごせる人生の方が、暗い顔より楽しいに決まっている。

働かないのもよし、働くもよし。

大切なのは定年後を楽しく過ごせるかどうかということではないだろうか。

60歳からのルール 07

引きこもりにならない

「退職後、特に何もしていない」と言い切るある先輩に
「余計なことかもしれませんが、朝は何をされていますか」

と聞いてみた。

「テレビだよ。なぜか時代劇なんかも朝からやっていて、テレビ局も大したものだよ」

勤め人の朝は忙しい。情報収集も含めて、ニュースやワイドショーをチラ見してそそくさと出かけていく人が多いだろう。

だから現役の皆さんは見る機会があまりないかもしれないが、結構な数の時代劇が放送されている。「家ゴロの需要をよく読んでいる」と感心した。

別の先輩が定年退職したばかりの頃、久しぶりのカウンター呑みの席でこう言っていた。

「最近、ウチのテレビが汚くなって困る」

「どうしてですか？」

「ワイドショーでコメンテーターというやつらがバカなことばかり言っている。家計簿の専門家が国家予算を語り、元野球選手がトンチンカンな政治批判をする。バカヤロー、バカヤローと叫ばざるをえず、それでツバが飛んで、テレビが汚くなる」

なるほど、テレビの見方もいろいろあると感心したが、そんなにバカらしいのであれば、テレビを観なければいい。

家ゴロテレビも選択肢のひとつであり、それが悪いとは言えないだろうが、これには弊害がありそうだ。

友達と会って話をすれば、気分転換にもなる。

趣味や仕事をすれば、はるかに高い満足感を得られるだろう。

短期間はこれもいいかもしれないが、そうでなければ、別の選択肢をとりたい。

60歳からのルール
08

現役時代にイヤだったことから解放される

現役時代のイヤだったことを考えてみて、それを回避できる定年後を過ごすのはいかがであろう。

面倒臭い人間関係、山のような仕事量、数字に追われるなどイヤなことはたくさんあるに違いないが、どれが一番イヤかを考えてみよう。

私自身、仕事についての文句はほとんどないが、満員電車が一番イヤであった。東急田園都市線の駒澤大学駅が私の最寄りの駅で、渋谷という大きな駅まであと3駅。ところが、はるか遠くから都心に向かう電車は、大混雑でドアもサーと開かない。ズルズルとゆっくりドアが開いても、そこに入り込むスキマはほとんどない。人がスクラム状態になっているところに、ラグビーのフォワードの後ろからスクラムを押す感覚で、ようやくギリギリ乗り込む。

前に女性がいようものなら、両腕を上に上げて「私はチカンではありませんよ」と「降伏の姿勢」をとらないといけない。

以前、前の女性が振り向いて

「わざと押さないでよ」

と吐き捨てるように言ったことがある。

「バカヤロー」

と言いたくなったが、勝てる喧嘩ではないと判断して言葉を飲み込んだ。

現役時代、自分にとって最もイヤだった満員電車から解放されたい。だから今、時間に縛られない働き方をしている。

朝9時や10時のアポイントしかとれないときは、混む前の早朝電車で都心に行ってモーニングコーヒーを飲んでいる。

人によって、何がイヤかはそれぞれだろう。最もイヤなものを考え、そこから解放される方策を勘案した上で定年後を考えるのもよいかもしれない。

60歳からのルール
09
お金がなくても幸せな生活も、ある

60歳、新しい暮らしを迎えるにあたって、自分にとって何が幸せなのかを考えてみる必要があるのではないだろうか。

物理的豊かさや利便性を求めるのか、穏やかで心豊かな暮らしを目指すのか、意思決定をするときにじっくり考えてみたい。

誰しも、お金もあり、幸福でありたいと願う（左ページ右上A）が、そううまくはいかない。中にはその両方に恵まれる人もいるだろうが、別の要因として、たとえば他人に妬まれているかもしれない。

お金があっても不幸な人（C）はいくらでもいる。資産はうなるほどあっても子どもの育成がうまくできないことなどよくある話だし、相続の揉めごともよく聞く。

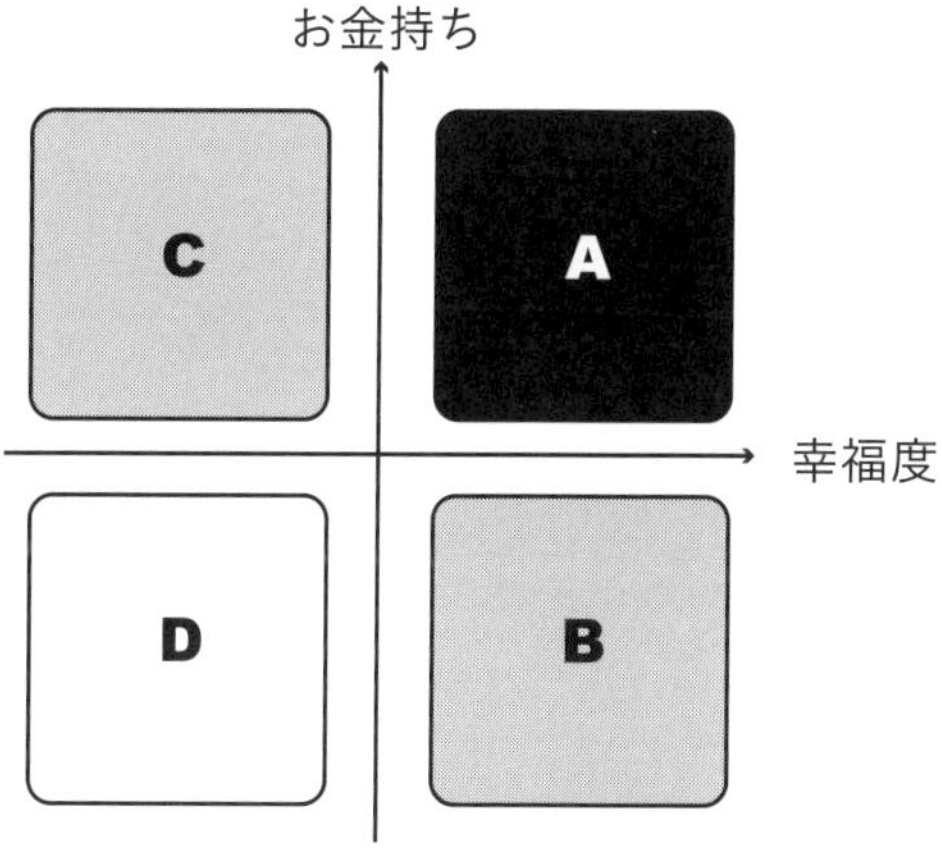

逆にお金がなくても幸せな人たち（B）もいる。一昔前よく言われたブータンの幸福度などが好例である。

これから50年も80年も生きるわけでもない。お金を持って死ねるわけでもない。あと20年、30年をどのように生きたいか、何が幸せかと考えてみよう。

いい年をして、お金のことしか考えないのは寂しいことである。

私が作った駄川柳である。

「カネカネと　よく鳴く虫を　人という」

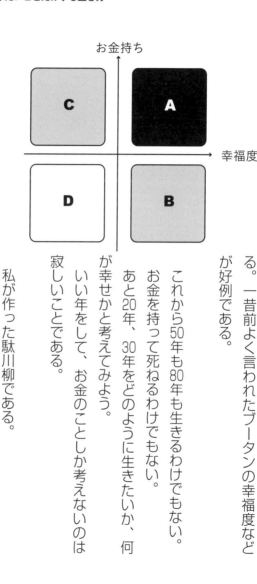

60歳からのルール
10

幸運よりも幸福を求めていこう

誰しも幸運・幸福を求める。

しかし、幸運と幸福は似て非なるものである。

幸運は、好運であり、外的要因によってもたらされる。ラッキーというやつだ。宝くじがあたったり、実力以上の試験に合格したり、待ってもいないものに巡り合えたり。

幸福とは、自分の内的要因に帰するもの。自分の力で手に入れることができ、自分が満たされるということ。

健康でいること、好きな人といること、美味しいと思って食べることができること、やっていることに満足感を覚えること、人様に喜んでもらうことなど。

要するに、自分の考え次第であり、自分がどう思うかである。

幸運と幸福は似ているが、ラッキーとハッピーは明らかに違う。

なんらかの幸運をテコに幸福になるのはいいが、幸運だけを求め続けるのは無理である。

「買わないとあたらないから」と言って宝くじを買う人がいる。あたればそれは大変喜ばしいが、「買ってもあたらない」と文句を言うのならやめた方がいい。

自分が幸せであることに気がつかない人もいる。

小さな口内炎でもあったら、飲んだり食べたりするときはしみて痛い。これが治れば何と幸せかと思うのだが、治ってしまえば、すっかり口内炎のことは忘れてしまっている。

小さなことに満足する必要はないが、自分を見つめて、どうすれば幸福に感じるかを考えたい。

そもそも、もう「不惑」の歳から20年も過ぎている。これから幸運を求めてさまようのはやめにしてもいいだろう。

自らの手で得られる幸福が何かを考えて、残りの人生を生きていきたい。

60歳からのルール

11

イヤなことは忘れてしまおう

「耳の悪人は長生きする」と言われる。

医学的には全く関係ないのだろうが、精神的にはありうると思う。

自分の親父も少し耳が悪かったが、母はもっと悪い。私自身も最近よく聞き取れないことがあり、行く末を真面目に心配している。

「耳が悪いと長生きする」のが本当であれば、(私にとっては)こんなに幸せなことはない。

そういえば、自分の母親も現在86歳で元気である。

補聴器があるのにつけない。

耳が遠いのを周りに知られるのがイヤなのか、聞こえているフリをよくしている。

多分こう言っているのだろうと勝手に想像して、相手が話すのをやめると自分が多分正解であると思うことを話しだす。会話がたまたま噛み合っているときはいいが、横で聞いていると、「ああ、またピーマンな会話をしている」とよく思う。

「耳が悪いと長生きする」というのは、自分が聞きたくないことは聞こえず、自分が聞きたいことだけ聞こえているからか。そうであれば、プレッシャーやストレスが少ないのだろう。

耳が悪くなくても、聞きたいことだけ聞いているとストレスがない。

吉田兼好の徒然草にこうある。

「今は忘れにけり、定かにはわきまえ知らず」

今は忘れてしまった。そうかどうかちゃんとわかっていないという意味。

反省しないので進歩がないが、都合の悪いことを忘れることがストレスフリーにつながるなら、これも今後の特権として持っていてもいいかもしれない。

ただ、あんまりこれを相手がいるところでやると、「ボケてきたぞ」と思われる。

そう思われたくないなら、恥ずかしくても「最近耳が悪い」とちゃんと周りに言っておくことである。

60歳からのルール
12

今やって失敗するのと、やらずに後悔するのとどちらがいい？

私は、46歳で23年間勤めていた商社を辞めて、芸能プロダクションに転職した。

未知の分野への転職を決断するきっかけになったのは、友人の一言だった。

「知らない分野でうまくやっていけるかわからない」

焼き鳥屋のカウンターで、私が不安を口にすると、彼はこう言った。

「ほほー、それは誰もがそう思うだろうー」

私はムキになって付け加えた。

「これまで世話になった仲間を裏切ることになるかもしれない」

すぐに彼から切り返しが来た。

「それは挑戦したくない言い訳だろうー」

続けて彼はこう言った。

「失敗したくないからだろ」

私の心の中を見たようにズボシであった。

彼は同じ商社をその頃辞めて、自分のビジネスを立ち上げたところだった。

「あのね、今やって失敗するのと、やらずに後悔するのは、どちらがいい？」

彼が言うのは、単純明快である。

失敗するかもしれないと恐れて立ち往生するのと、結果的に失敗してもいいからまたとない機会に挑戦するのは大いに違う。挑戦しないで、「もったいないことをした」と後悔するより、やって失敗する方がはるかにいいという意味である。

それを聞いて、自分の頭の中のモヤモヤは、さっと晴れた。失敗してもいいからやってみようと思った。

結果、芸能プロダクションに転職して、やりたいことはほとんどやった。もちろん、その道の専門家ではないので、多少の失敗はいくつかやらかした。

大会社と中堅会社の違いを知り、本を書くいいきっかけになった。気分爽快であった。

2章

サラリーマン生活からの卒業と新生活の工夫

60歳からのルール
13

「○○会社の□□」から卒業する

日本人は、組織への帰属意識が強い。

どこの学校に通っているとか、どの会社に勤めているかなど。

知らない人同士が話し合うときは、相手の所属が気になる。

「どんなご職業ですか?」

「どちらにお勤めですか?」

と丁重に下手に出て、相手の所属を悪気なく聞いてしまう。

反対に、自分が組織に属していないと、なんとなく新しい人に出会いにくい。

名刺がないと、話のとっかかりがない。

退職しても、自分からどこに勤めていたと言いたがる人は多い（知られた企業の場合は、である）。

また、敬語があるせいか、どちらが年上かわからないと話も進めにくい。なんとなく、両者の年の関係がわかると、先輩・後輩として話が進む。もしくは、同年代だと話しやすい。

数年前に、東京浜松町の居酒屋で、隣に若い外国人が４人いた。ちょっと話しかけたらオーストラリアから来たと言い、それぞれ名を名乗った。Tom とか Jeff だとかファーストネームだけ。

学校に行っているのか、会社で働いているのか全く言わない。Tom という人物であることが大切であり、所属は二の次ということである。

こちらはそれが気になるのだが、相手もこちらが何をしていて、どこかの組織に属しているか、全くそれを気にかけている素振りはない。

しばらくビールを片手に話しているうちに、私も単なる「Eiro」になっていた。

そんな感覚が、60歳からはほしいものである。

60歳からのルール
14

退職前から準備をしておくこと（年功序列制を忘れる）

定年退職すると、ただのオッサンになる。

帰属するところがなくなり、もはや部下は部下でなくなる。特に職位が高い人であれば、辞めた途端に、周りにいた人々がサーと引いていく。

若い頃ある先輩から、いただいた名刺を捨てずに全部とっておけと言われたので、私の自宅のタンスの引き出しいっぱいに名刺箱がある。

それを眺めると、自然とどんな友達が多かったのか、人生のふり返りができる。

①営業の仕事が長かったので、引き出しの半分は、お客様の名刺である。仕事の上でおつき合いした人、特に顧客はいくらたくさんいても、友達にはなりにく

い。無理をしてでも、仕事上で「背伸びをした」おつき合いをしているからかもしれない。相当気を許す人でも、顧客とは何でも言いたいことを言い合える関係とは言えない。

②学校時代の友達は、「懐かしい友達」ではあるが、ほんの数人を除いて「悩みの相談や議論ができる友達」ではない。過去の一点では、親しくしていた友達でも、ずっとつき合っていたわけではない。

③同じ職場の同僚や先輩は、一生の友達となる可能性が高い。いいも悪いも長時間同じ職場で過ごして、わかり合っているからだと思う。

だから、一生の友達候補として、先輩や部下を大切にしておくことが肝要である。ある時点では遠慮する上司であっても、引退してしまえば、ただのオッサンとなる。過去は自分の部下であっても、自分が引退してしまえば、社内の上下関係はあっさり終わる。

一生の友は、会社の同僚が多いと私は思うが、いかがであろう。

60歳からのルール
15

退職前から準備をしておくこと（部下とのつき合い方）

60歳からは、もう権力（人や組織）に群がる働き方をしたくない。

人は自分が弱い分、権力にすり寄っていく傾向がある。あさましいと見えなくはないが、サラリーマンとしては、それも大事な生きる道である。

権力とはおもしろいもので、盛者必衰の理《ことわり》がある。

本部長や役員をしていれば、部下も業者も群がってくる。あたりまえではあるが、その人物そのものに人が寄ってくるのではなく、地位や職位に群がってくる。

ところが、職位がなくなると、波が引いていくように目前から群がっている人はいなくなる。

権力に群がって、権力がなくなると引いていく輩もあさましいが、権力にある人もそれをよくよく知っておくべきである。頭ではわかっていても、現実を目の前にしないとそれがよくわからない。よく自分の実力と会社の名前・看板を取り違えるというが、まさにその通りである。

偉いのは職位についているときだけであり、職位がなくなるとか定年退職をすると、権力と周囲の人が「月とスッポンのように」なくなる。

これを心して、普段から部下や業者とつき合うのがいい。知っていると、人間同士として、ちゃんとしたつき合いができる。

いずれ、このときは来る。

残念ながら、自分が偉いと勘違いしているマネジメント層がどこの組織にも驚くほど多い。

「職位から離れたら、ただの人」なのである。

それを踏まえて、控えめに周りの人とつき合いをしておくことである。

職位ではなく、後輩に対しても人生の友人として尊敬の念を持って、人間的なつき合いをしておくことだ。

60歳からのルール

16

退職前から準備をしておくこと（パソコンスキル）

ややこしいことは手に負えなくても、60歳前後なら、メール、インターネット、ワード、エクセルぐらいはなんとか使える人がほとんどだろう。

それらのメリットを知った今、退職後も近代兵器を使いたい。パソコン1台くらいは、自分のものを持とう。

しかし、自宅には、頼りになる部下もシステム担当もいない。子どもに教えてもらう?「アマ〜〜イ」。一度や二度は子どもが面倒見てくれても、ずっとやってくれるはずがない。

仕方がないので、自分でパソコン会社などに電話することになる。

自分もしたが、なかなか電話がつながらない。

ようやく、つながったと思ったら

「それはハードの問題ですか、それともソフトの問題ですか？」

みたいなことを言われる。

「それがわからないから電話しているんだ」

と答えるしかない。


会社に入ったときからパソコンを使っている若手なら問題ないだろうが、入社したときはワープロもなかったという昭和人間（私も）は、自分でパソコンの問題をほとんど解決できない。

だから、会社に在籍している間に、人に頼らず自分でトラブルシューティングする練習をするといい。地道に自分で問題解決する癖をつけると、ひとりになっても応用が利く。

私はこの話を何度か紹介したことがあるが、あとになって多くの人から
「全くその通りで、多少なりとも練習していてよかった」

と感想をもらっている。

60歳からのルール

17

大企業病から脱する

この項は特に、中堅以上の会社に新卒で入って定年まで勤め上げた（ようとしている）人にだけ読んでもらえればいいが、多くの方は、大企業病にかかっているので心しよう。

自覚症状はないが、およそ次のような症状である。

①自分の身の安全を常に考える。「安全」と「挑戦」なら、「安全」を採る。

②イノベーションしない。変化を嫌う。

③「部下や若手に任せる」という言葉が好きで、自ら細かい仕事をしない、自ら汗をかかない。

④「言うことは立派」だが、必ずしも「行動」が伴うとは限らない。

⑤「過去」を語りたがる。「明日から何をするか」の話が少ない。

⑥ 旅はもっぱら出張で行き、自分の金で旅をしない。

第二の人生で新しい職場を探している人は、この病気を克服しなければならない。実際、（上記のような）病気にかかった多くの先輩たちが、それが原因で第二の職場でたくさん失敗している。

転職したことがない人は、ある意味気の毒である。

自分のいた会社しか知らないので、「自分の会社の常識は、世の中の常識」と思ってしまう。本当はそうではなくて、「自分の会社の常識は、世の中の非常識」なのだ。これを頭ではわかっていても、身にしみて感じていないから問題になる。

働いているときや定年前は、特定の組織内でいいポジションにいても、世の中そんな生易しいものではない。

頭と口だけが達者で、高給を望んでいたら、第二の職場はなかなか見つからない。

今までいた自社の「城」とは違うのだ。

第二の職場を求めるなら、フツーの人に戻って謙虚に素直に働こう。

60歳からのルール
18
自分を好きに管理しよう

先にも触れたが、会社はオンオフを与えてくれて、社員の生活を管理してくれるが、これからは自分が自分を管理しなければいけない。

これからずっと自由な時間ができるということは、現役サラリーマンにとって、どんなに待ち焦がれた至福であろうか。


サラリーマン時代に、2~3日の休みの過ごし方は、よく経験している。

土日に爆睡するだとか、1泊2日で仲間と温泉旅行に行くだとか。

土日の爆睡などは休息であり、翌週の仕事というルーティーンの準備に過ぎない。

仲間との温泉旅行は、気分転換にこそなれ、(私も今頃気がついたのだが) 疲れに行っているようなものだ。私などは温泉に着く前からほとんど酔っ払っていて、目的地に着けば、また飲み食い、大騒ぎをする。ゆっくり風呂に浸かる時間もなく、宿のカラオケに行ったり、部屋飲みをしたり、結果、疲れが増すばかりである。まるまる1週間の休暇をとったことはほとんど記憶にない。

現役サラリーマン時代に1週間休暇がとれるとなれば、その瞬間は嬉しくて仕方がないかもしれないが、海外旅行にでも行かない限り、時間を持て余してしまうだろう。

ヨーロッパ人は1か月の休暇もエンジョイするというが、先のようなチマチマとした働きバチは、1か月の休暇など何をしたらよいか考え込んでしまう。

仕事を辞めて、ずっと何もしないでゆっくりするようなことは私には考えにくい。今日、明日、明後日、空白のスケジュールに何をするかという管理を自分でうまくできる自信がない。1か月も不安であるが、今後「ずっと」となると私は自信がない。

不器用だからこそ、私は働き続けるのだろう。

60歳からのルール
19

新聞を読むのは朝イチでなくていい

定年後は、1日の時間配分を自由に決められる。

サラリーマン時代は、朝イチに日経新聞に目を通す人がほとんどだっただろう。会社で「おい君これどう思う」などと新聞を話題にすることも多い。日経を読んでいないと、部下にしめしもつかないから、サラリーマン時代は朝イチに読んでいるのが必須だった。

定年後は、そんな必要がない。第二の職場であっても、「あれ、今日はまだ日経見てません」も通じるだろうし、そもそもそんなに周りを気にすることもない。

何をいつやるかという時間配分もそうだ。

自分の頭が冴えているときに一番難しくて大事な仕事をすべきと思う。

私は、提案書ややこしい文章を書くのは1日で一番頭が冴えているときにしている。調べ物をして、参考文献を読み込むことなども、自分に力があるときにする。ある人がこう言っていた。今どき一般情報収集に自分の力を費やすなどもったいない。新聞情報などは見逃しても、ネットですぐに調べることができる。朝一番頭が冴えているときに新聞を端から端まで読むなんぞは、非効率としか言えない。それは、頭が疲れているときで十分できることである、と。

今は便利になって、たとえば「グーグルアラート」に気になる業界名、企業名、商品名、ことがらなどのキーワードを登録しておくと、関係記事を自動的にメール転送してくれる。

一般情報ぐらいであれば、疲れているときでも一杯飲みながらでも大丈夫なので、そういうときに新聞を読めばいい。

新聞を読む時間まで人様のことをあれこれ申し上げるつもりはないが、過去にとらわれずに、自分に一番合ったスケジュールを立てればいいと思う。

60歳からのルール
20

昼から飲んでもいい。早く帰ろう

私は、まだまだ若い気分で日々過ごしているが、それでも歳をとったなあと感じるときがある。

若い頃は飲んで最終電車で帰ることがしょっちゅうであったが、最近最終電車に乗って周りを見回すと、ほとんど自分より年下ばかり。

「ありゃ、俺が一番オッサンか?」と思ってしまう。

そういえば、早い時間から飲んでいる60代は多い。

3時、4時からやっている居酒屋もある。定年を超えたら、昼からでも飲める。

それもいいではないか。

ただ夜遅くなる前に帰ろう。オッサンが夜中に千鳥足はみっともない。

目黒にある行きつけの焼き鳥屋で、起業した後輩に檄を飛ばしたことがあった。「君の事業は大変有望だと思う。ただ国内で上場することや成功することだけが目的になっていたらいかん。世界を目指してグローバルカンパニーになってほしい」

相手はそんなこと当然と思っているのであろうが、「はい、はい」とちゃんと聞いてくれるのが嬉しい。当然、コップの冷酒がスイスイ進む。

「じゃあ、また会おう」

と偉そうに言って、彼と別れてすぐに、顔面を権之助坂に強くぶつけていた。転倒したようだ。

そのときは、自覚症状がほとんどなかったが、メガネのツルがこめかみ付近に刺さり、顔面血だらけであった（そうだ）。

翌朝、医者に行ったら、顔面の半分が包帯で巻かれ、丹下左膳状態。

その日、神戸で講演をしたのだが、壇上の丹下左膳は誠にみっともなかった。

いい歳になったら、そんなに酔っ払う前に帰ろう。もし、遅くなったら、身の安全も考えてタクシーで帰ろう。

60歳からのルール
21

自前の名刺を持とう

名刺は、定年後も持ち歩きたい。

名刺は社会人生活約40年をともに過ごした戦友だ。

これがないと、初対面のときの間が持たないという人も多いだろう。

特に交流会や新しい人に会う機会が多い人は、それを持って出かけよう。

所属組織やタイトルがなくても、名前・SNSのアドレス・携帯番号・メールアドレスだけでもいい。写真を入れたら、よく覚えてもらえる。

現役時代は会社から支給されていたから、自分で名刺を作ったことがない人もいるだろうが、今はネットならとても安くできる。それがもったいないなら、手書きでもいい。

一般的に、役職が低いほど、名刺の肩書きが長い。株式会社なんとか、なんとか本部、なんとか課、なんとかチーム、なんとか補佐みたいに。

偉い人（職位の高い人）は、反対に短い。

政治家の名刺などは、なんとか議員、名前だけしかないのもある。

主催する勉強会に手ぶらでくる若手もいるが、会社の名刺を出したくないのなら個人の名刺を作って持ってくるようにと申し上げている。

仕事はリタイアしていて、「良書評論家」という名刺を持った仲間もいる。

友人に「サカナ検定1級」という名刺を持ち歩いているのもいる。要はなんでもいい。覚えてもらって、連絡ができるような紙があればいい。

自分で自分のタイトルをつけよう。～評論家、～コンサルタント、～アドバイザー、～レポーターみたいに。

テレビで観た元刑事は「犯罪レポーター」と自称していた。

言った者勝ち、早い者勝ちである。

60歳からの自分を表現できる、自前の名刺を持とう。

60歳からのルール
22
自分の組織を作ればいい

私は46歳で商社を辞め、転職先の芸能プロダクションで7年勤め、その後ベンチャーの経営に1年携わり、54歳でいわゆるサラリーマン生活を終えた。

その頃、世田谷ビジネス塾（ＳＢＪ）という団体（正確には任意団体）を立ち上げた。

２００８年に近所のお好み焼き屋の開店前に机をひとつ借りて始めた。ただで場所を使わせてもらう代わりに、その後飲み食いさせていただくという仕組みだった。わかりやすく言えば、酔っ払い４人で始めた無料勉強会だ。

その後、駒澤大学のご協力で駒澤大学会館２４６という立派な施設を拝借している。

月1回の無料の読書会。ビジネス書、自己啓発書、歴史書（小説可）、伝記、自伝という範疇ならなんでもいい。自分が読んだ本を紹介し、参加者で議論する。本を紹介せず、議論に参加するだけでも、来ているだけでもいい。

毎回、20〜30人が集まり、その後の懇親会も盛り上がる。

おかげさまで、2017年7月に100回を迎えた。フェイスブック上でのSBJの登録者は700人を超えている。

私の名刺には「世田谷ビジネス塾塾長」（現在は名誉塾長）と明記している。

つまり、株式会社やちゃんとした法人やNPOでなくてもいい。

何か組織に所属したいなら、所属できる団体はゴマンとあるのだ。お眼鏡にかなうものがなければ、作ればいい。

任意団体も、大勢メンバーがいる必要はなく、何ならひとりでもいい。

組織にこだわるなら、これが一番楽チンである。

コツは、周りが覚えてくれそうな、いい名前をつけることだ。

3章

「働く」を楽しむ

60歳からのルール
23

イヤな野郎にゴマをすらないでいい働き方をしよう

定年後は、現役時代の苦痛は忘れて働きたい。

たとえば、無理してイヤな上司にゴマをする必要はない。

上司にゴマをするのは、そもそも「よく見られたい」「うまくやりたい」という気持ちが働いているからだろう。

さて、この歳になって身の丈以上の評価が必要であろうか。

今後何年働くか、先が知れているなら無理することはない。

実力以下に評価されるのは気分的にイヤかもしれないが、身の丈ならそれで上等ではないか。

実力を発揮しないで、ゴマをすって評価を求めるぐらいなら、働かずに家ゴロをしていたらいい。そろそろ多少の年金だって入ってくる。イヤなら会社を辞めればいい。

いい年をして、仕事はいい加減にして、ゴマだけすって評価を得ようとするのであれば、それはサギみたいなものだ。

年長者の価値は、経験を積み、道理をわきまえ、人として周りから尊敬されるという（理想の）資質を持っていることにある。

だから、イヤなやつでもそれなりにおつき合いはすべきであるが、余計なゴマすりは必要ない。実力のない者に「よいしょ」する方が道理をわきまえていない。

念のため、上司がイヤなやつだからといって、ブスッとしていたらいいとは言わない。仕事の成果を出すために、持ち前のコミュニケーション能力を発揮し、チームの人や後輩をエンカレッジしたり、成功を心から一緒に喜んだりすることは大いに必要であろう。

ちなみに、ゴマをすってくれる人も激減する。すでに、評価する側に立っていないからだ。60歳からは「ゴマすられ」も期待せぬことだ。

60歳からのルール

24

最近ハヤりの顧問契約でワクワクを取り戻せるか

少子高齢化で生産人口が減り、理屈では高齢者も良い待遇を受けることができるはずなのだが、そうはなっていない。再雇用で給与半減もよく聞く。

今、退職者を会社の顧問として就職斡旋するサービスが増えてきた。顧問として週に数日働き、月に5～20万円を対価として受け取る。高い給料とは思えないが、交渉可能かもしれない。「顧問」で検索すればたくさん出てくる。登録をしておいて、需要があればマッチングされるという普通の人材紹介と同じである。

求められているのはこういう業種である。

まずは、販売力が弱く、ベテランに顧客開拓を求める若い会社。製品やサービスはそこそこであっても人脈が薄い。そこで顧客となりうる社長や幹部を知っているであろうベテランを雇いたい。

考え方はわかるが、自分の知り合いが一巡してしまったら、役目御免となる可能性が高いと思う。

間違っても、オシ売りは絶対にしたくないという人は、やめておいた方がいい。友達を失うだけだ。人の顔を見たら「～してくれ」とお願いばかりしている人がいるが、いい歳をして、みっともない。

営業畑が長かったものの、ここ最近はデスクで判を押すだけで物足りなさを感じていたような人なら、昔取った杵柄を試すのにちょうどいいかもしれない。

次に、専門家を求めている場合。専門性の高い部品や材料を作ったことがある人、特殊な工場の運営経験者。相当高い専門性を持っていれば、おもしろいかもしれない。

海外の工場立ち上げ等で、また現場に立つワクワク感も得られる。

専門性の対価が少なすぎる場合もあるが、そこで実力を発揮して、契約を見直してもらうのもいいだろう。腕次第だ。

60歳からのルール
25

「ぶら下がり社員」にならない

我々世代は、ほとんどが日本の年功序列制の会社社会の中で生きてきた。

若い頃は下積み生活を当然のものとしてがむしゃらに働くが、エスカレーターに乗ってしまったら、会社人生の後半は能力や貢献度に関係なく、そこそこ高い職位や報酬を手に入れることができた。

そして、「エスカレーター」の上がりのポジションが「定年」である。

本来は、会社にとっても、費用対効果の低い高職位者が多いことは頭の痛い問題だった。組織への貢献度は低いが、左遷され窓際に送られても、自分の損得勘定で、組織にへばりつこうとする「ぶら下がり社員」はどこにでもいるものだ。

会社だけではなく、同じ会社に勤める若手や同僚にも、株主にとってもよくないのは明らかである。

しかし、定年というストッパーがあれば、会社にとっては、「定年」まで待てば（我慢すれば）、やがてその問題は解決する。

だから、年功序列制とセットで、定年制もなくならなかった。

しかし、そんな「お荷物」になることが、人生の目標だっただろうか。

過去の遺産でおこぼれをもらっていないか、自分の仕事ぶりを今一度見直したい。30代40代の、時代の最先端を切り取り、実際にビジネスを進める人々には、勢いがある。彼らに比肩できる働き方をしているだろうか。50代後半の給料は、すでにもらいすぎではなかっただろうか。

日本企業ももっと生産性を高め、収益率を高める必要がある。

外資に「ぶら下がり」社員が少ないと言われるのは、外資が勇気を持って、生産性の低い人間に退職勧告などをしているからではないかと思う。

日本の定年制に甘えずに、ぶら下がらずに、働こう。

60歳からのルール
26

役職定年制を見返そう

日本では、役職定年制が堂々とまかり通っている。多分先進国では、年齢差別で法律違反になるだろう。

前項で言ったような頭の固い、行動力の少ないベテラン社員が多いかもしれないが、百歩譲っても幾分かは優秀な人がいるだろう。であるのに、十把一絡げで55歳などを機に最前線から外すのはいかがなものであろうか。

そもそも、こうなってしまうのは、会社が評価制度をちゃんと運用していないからだ。

優秀な若手がいても、若手にはまだまだチャンスがあると言い訳して、実力では劣る年上を優先して上に上げてきた。

結果、上のポジションが年長者でダンゴ状態になる。
それはまずいと思って、役職定年という訳のわからないものを持ち出す。

役職定年で部長から外れた知人が言っていた。
「元の部で、オレの後釜に座った元部下に指示されて仕事するのは、正直キツいよ。
向こうもどう仕事をふればいいか、やりづらそうだった。
でも、「部長」でなくても、オレにできる仕事は山ほどあったし、バリバリ働いて
結果を出すことで、会社を見返してやりたかった」。

社内に優秀な人材が豊富におり、求人をしてもたくさんの応募がある会社は少ないだろう。
優秀な若手を抜擢し、年齢に関係なく結果を出す人を正当に評価する制度を作るきっかけに、我々もなれるかもしれない。

60歳からのルール
27

学歴「逆」詐称もいい

再就職するなら、学歴や職歴をいちいちひけらかさなくてもいい。

世間体が立派な過去があれば、それがかえって邪魔をすることもある。

学歴が高く、大会社に勤めて、そこそこの職位に上がり、高い給料をもらっていた人は往々にして、仕事は部下任せで、自分は細かい仕事や汗をかく仕事はしない。口は達者だが、手は動かない。頭は岩のように硬い。ＩＴは全くわからない。こんな人ほど学歴や職歴を誇りたがる。

が、これでは残念ながら仕事はない。

定年後の雇用延長で「給料が半分になるのはけしからん」などと大騒ぎをするが、他の会社では一体いくらで雇ってくれるのだろうか。

そんな夢物語を言っていないで、現実と向き合おう。

前述のとおり私は現役時代、満員電車がとても嫌いであった。共感していただける人は、近隣の駅か、満員電車と逆方向の駅の周りのアルバイト先を探してみよう。

ここで重要なのは、「最低時給のアルバイト」でよしとすること。

昔の職位や給料は一切忘れて、大学名や会社名も出さない。面接で聞かれたら「近所のものです」とでも言って、メーカーとか小売業などと答える。学校も最終学歴は言わずともいいだろうし、職位だって最終のものを言わなくてもいい。これで（逆？）詐称の問題になるとは思えない。

アルバイトならたくさん仕事がある。

働く場所も時間も選べ、満員電車も避けられる。

まずはバイトで入って、その後組織に貢献していけばいい。

「意外とこのバイトのオッサン、やるね」とか言われて、正社員への道も開かれ、貢献次第では経営者の参謀にもなりうる。

実力があるのなら、初めは安い給料を甘んじて受け、それから貢献すればいい。

実力がないなら、昔の高い職位や給料をさっさと忘れることである。

60歳からのルール

28

若手に感謝される働き方をしよう

定年後再就職しても、それから何十年と同じ会社で働くことはまずありえない。5年か長くて10年か。

実力があって貢献すれば役員に抜擢され、もっと長く働くこともあるかもしれないが、それを前提にアクセク働くのは、楽しい定年後の再就職とは思いにくい。どうせなら、楽しく、かつ感謝されて働きたい。

再就職先の周りに感謝される働き方とは、どういうものだろうか。

売上増加に貢献するのは最も歓迎されるだろうが、それはフットワークの軽い、行動力あふれる若手に任せてもいいかもしれない。

社長にモノ言えない組織であるならば、(クビになる) リスクは承知の上で偉い人にモノ言う人であるのも素晴らしい。それも「働きがい」のひとつであろう。

もはや、第一の就職で多くの人が目指す出世競争から卒業したのであるから、それ以外の「働きがい」があれば、本人も活き活き働けるし、周りからも感謝される。


私のオススメは、若手に貢献すること。

まずは、若手のいいところを指摘してやる。

「〜の専門性はすごく高いねー」「若いのに〜について優秀だね」と。

そして、失敗して落ち込む若手がいれば、自分の失敗談を引き合いに出して、「そんなことは誰にでもある。失敗を糧とすればいい」と元気づけてやる。

反対に、調子こいている若手がいれば、いいところは認めた上で、「君の長い将来のために言うが」と前置きして、モノ申せばいい。

若手を心底想っているのをわかってくれれば、人生の先輩（年齢が上）を尊敬してくれる。

これこそ、「働きがい」があるというものだ。

60歳からのルール
29

生涯現役でピンピンコロリを目指そう

「生涯現役」を目指すと言い切っている人は、「働きがい」を持っていると思う。

仏教用語に「定命《じょうみょう》」というのがある。

人が死ぬときは、生まれたときから決まっている。何歳まで生きるか、本人や周りは知らないだけで、天は寿命を知っているという考え方らしい。寿命を迎えたら、来た世界に戻っていくだけ。

定めに従うだけだから、ジタバタせず、それを素直に受け止めればいい。それが自然である。

年老いて死を恐れ続けることはない。そのときが来たら、そのときなのである。

誰もそのときを知らずにいるのだから、働いている最中にコロリと逝くかもしれない。

引退してもまだまだ逝けない人もいるだろう。

「働きがい」があって、働くことが楽しければ働けばいい。

志半ばにしてコロリと逝ってしまっても、それはそれ。

10やりたいことを10個全部やって、その直後にコロリと逝くことなどありえない。3個残そうが、8個残そうが、残念かもしれないが、それはそれでいい。

体のどこかが悪くなって、伴侶や子どもに多大な面倒をかけるより、元気にいてピンピンコロリと逝く方が、いいに決まっている。たとえやりたいことが残っても。

司馬遼太郎の『竜馬がゆく』には、やりたいことをいくつでも目指せとある。全部死ぬまでに完遂しなくても、悔しがる必要はなく、それでいいではないか、と。

完全引退して自分が自分の時間や生き方をコントロールする方が難しく、やり残してもいいからやりたいことをやり続ける方が楽な生き方ではないか。

元気でいないと働けない。病気がちでは働き続けることができない。

「定命」の終わりが来るまで、年齢を気にせずに働いて、コロリと逝くのも理想的な生き方・死に方かもしれない。

60歳からのルール

30

働き、学ぶがまた楽しい

さて、肝心なお前は今いったいどのように働いているのか、である。

先に述べたような世田谷ビジネス塾などのボランティア活動では食べていけないので、報酬をいただく仕事もしている。

お客様はいるが、上司はいない。満員電車にもお世話になっていない。

オッサンには決して似合わないのはわかっているが、パソコンをリュックに入れて持ち歩いている。いつでもどこでも土日や夜にもメールを受発信しているので、年中無休とも言えなくないが、年中有休とも言える。

「年始の仕事始めはいつからですか」と聞かれても「特に決めていません」と言うしかない。

オフィスにはほぼ毎日昼前に出勤するが、喫茶店にいることが多い。

夜は、近所のお好み焼き屋で一杯やりながらテレワークをしている。

複数社のコンサルティングに携わっていて、経営一般や人材育成も行っているが、今は企業風土改革が一番忙しい。

技術や社会構造の変化など環境が大きく変わっていく中、変化できない（しようとしない）会社は生き残っていけない。だから、私のような者が中に入って課題や問題点を見つけ、アクションプランを出す。その一環として、研修もする。

自分へのインプットは、セミナーや勉強会に参加したり、経営・管理・財経などの本の他に歴史書や伝記などの読書をしたり。

経営者や先輩の実話も役立ち、「学びノート」と呼んでいる小型の手帳にメモをとる。お酒の席でも（ブラックアウトがあるので）メモをとる。

ダイバーシティも自分の専門分野であるが、自分に関しては、ワークとライフの2つの円がほぼ重なり合っている。ということで、どちらも大いにエンジョイさせてもらっている。

60歳からのルール
31

60歳からの働く人の幸福3か条

私は、どうすればビジネスパーソンが幸福になれるのか、研修や講演のたびに（偉そうに）お伝えしている。

いろんな企業人や先輩や後輩の話を聞き、また先人や経営者の書籍をこの観点から調べ、ヒルティやアランなどの哲学者も参考にした。

日本では、陽明学の中江藤樹や幕末の儒学者佐藤一斎。明治以降では、福沢諭吉、渋沢栄一、本多静六、武者小路実篤、小林一三など先人が後世に語ったことや著書に残した考えから導き出した。

結論としては、以下の3点を心得ておけば、幸福なビジネスパーソンになれる。

これは、ビジネスパーソンたちの定年後にもしっかり当てはまることだと思う。

もし、共感いただけるなら、ぜひ読者も後世に「順送り」していただきたい。

① 志を高く持つ。
志が高ければ、満足感や達成感の高い仕事や生き方ができる。

② 自ら一歩前に出る。
自分を高めるために本を読んで学んだり、セミナーに行ったり、いろんな人と交流をしたり、自ら一歩前に出ること。

待っているだけでは、幸福の女神はやって来ない。

③ 何事も自分の心の持ちよう。
長州藩の高杉晋作の辞世の句。

「おもしろき　こともなき世を　おもしろく　すみなすものは　心なりけり」。

世の中がおもしろいか、おもしろくないか、それをすみ分けているのは自分の心である。目の前の仕事も辛いと思うか、楽しいと思うか、自分の心の持ちようである。

60歳からのルール

32

働く喜びを得る

ヒルティという幸福論者は、仕事について多く語っている。

ヒルティは、その幸福論の冒頭から、「幸福になるには仕事をちゃんとしなければならない、また仕事をするには勉強をして、行動しなければいけない」と説いている。

できるなら仕事をしたくないと人は思うが、それは違う。

仕事をちゃんとするから幸福になれる。仕事の種類は関係ない。

いい仕事をしているなら、休息すなわち余暇が楽しくなる。

そういう休息と絶え間なく働くことによって人は幸せになれると言っている。

さらにどんな職業においても、仕事を造っていくことと仕事で成功をすることに喜びがある。仕事をしないと、人生が終わるまで幸せをつかむことができない、と。

105歳で大往生された日野原重明名誉院長が、どこかでこう語っていた。

「生活習慣病の予防に運動が必要なんだが、忙しくて日々運動不足。

だから、地下鉄の階段を1段飛ばしで駆け上がるようにしている。

エスカレータの女性が競争相手だ。

先に到着できるとひそかに「勝った」と喜んでいるんだ」

私は、そのどんな日常の一場面でも小刻みにゴールを設定し、達成感を楽しむ姿勢に圧倒された。人生の楽しみ方を熟知している人だと思った。


自分をふり返ると、若い頃は仕事で大ホームランをねらってばかりだった。実力を考えないまま、ガムシャラに動けば結果は出ると思っていた。うまくいくこともあれば、大チョンボをやらかしたこともあった。

でも、今ならわかる。

ヒットを確実に積み上げることで、何度も何度も達成感を得られ、人生幸せに感じられる。そういう思いが、日々を彩り、長く仕事を継続する原動力になるのだ。

60歳からのルール

33

志高く働く

私が後輩に申し上げているいちばん大切なことは、高い志を持つこと。

いい仕事をするにも仕事のできる人になるにも、志を高く持つことが必要である。

退職を迎えても、志が高いことは大切なことではないだろうか。

いつも例をあげるのが、イソップ寓話の「3人のレンガ職人」。

ある旅人が、道端で同じ仕事をしている3人の職人に尋ねた。

「あなたは、何をしているのですか?」

1人目の職人は、「見てのとおり。レンガを積んでいるんだよ」と答えた。

2人目の職人は、「強い頑丈な壁をつくっているのさ」と明るく答えた。

3人目の職人は、「町中の人が喜ぶ教会を建てているのさ。私が死んだ後もこの教会で皆が祈っている姿が目に浮かぶよ」とニコニコしながら胸を張って答えた。

誰の志が一番高いか、明らかである。

1人目の職人は、仕事の意味を見出せず、目先の金だけが目的になっている。2人目は、仕事の意味や目的を一応はわかっている。3人目は、最も大きな志を持っている。おそらく、一番早くていい仕事をする。雨が降っても風が吹いても、不屈の精神でやりぬくことであろう。

教会の建設が完成したときに、3人のうちで誰が一番自分の仕事に満足感や充実感を持つであろうか。

今日の金を稼ぐために働くのではなく、志を持って組織や周りの人に貢献し、顧客から感謝されるようになりたい。また、機会があれば、若手を育て、後輩からも尊敬される人物となるのは素晴らしいことではないだろうか。

志を高く持つことが、充実した人生を送れる第一歩だと、私は思う。

60歳からのルール

34

どっち向いて戦うか

新卒で商社に入社して、3年ほど経った頃。

その部署に以前にいた大先輩のフーさんが、私にこう言った。

「今、不良在庫が多くて、大変だと聞いたが、オマエ、なんとかせんかい！」

「ハハー」

と言って、当時私が考えつくすべてのことをした。

船会社に交渉して運賃を下げてもらい、荷役業者を叩き、トラック業者に値下げを求めた。結果、なんとか赤字から脱却することができた。

私は、意気揚々と「フーさん」に報告に行った。

「黒字化しました。フーさんに言ってもらったおかげです」

フーさんは、いつものにこやかな顔で聞いていた。

「それはよかった。よくやった。ところでどうやって黒字化したのかね？」

私は自分がしたことをそのまま伝えた。

その途中でフーさんの顔が見たこともない形相に変わってきた。

「バカヤロー」

とフロアー全体に聞こえる声で叱られた。

「お前は、どっちを向いて戦っているのか。お客様のところに何回値上げのお願いに行ったのか。お前のやっているのは、弱いものイジメだけだ」


「どちらを向いて戦うか」がそのとき以来、私の大命題となった。

定年後、働くならば、弱いものイジメをするのではなく、必要なときは強者に対しても堂々と戦うオッサンでありたい。

昔から、「義を見てせざるは勇なきなり」というではないか。

もしそれで経営者とソリが合わずにクビになっても、同じ釜の飯を食べる若手もきっと喜んでくれるだろう。

4章

今だからできる
挑戦

60歳からのルール
35

失敗を恐れて新しいことに挑戦する

いつの時代もビジネス書には流行りがあるようだ。

最近目にした本は「3流はこう、2流はこう、1流はこう」と3部構成になっていた。失敗に関して最新型で紹介したい。

3流の60代は、失敗を恐れて何もしない。

前向きにことをなそうとすると、成功するときもあるが、失敗も多い。だから、やめておく。特に、サラリーマン時代は、自分が失敗の責任を負いたくなかった。

しかしこれではおもしろくない。現役時代の価値観に縛られる必要はもうない。

2流の60代は、失敗を恐れず新しいことに挑戦する。

自由の身であるから、自分が負えるリスクの範囲内では自分の判断でいいだろう。

私の講演や研修の中で、

「これまでのご自分の人生で、失敗したことのない人は挙手してください」

とよく聞いている。もう3000人ぐらいは聞いたと思うが、手を挙げた人はゼロである。『失敗学のすすめ』や『回復力』で有名な畑村洋太郎氏はこう言う。

「日本人は失敗を恥じ、失敗を恐れ、失敗を隠そうとし、失敗から学ばない」

失敗しても、学べばいい。


さて、1流。

1流は、失敗を恐れて新しいことに挑戦する。

大切なのは、会社の縛りはなくても、自分のリスクで負えても、残された時間が限られているということである。

だから、失敗のリスクを考え、何を「まず」成し遂げたいか考える。

我々には遠回りしている時間はそうたくさん残されていない。

老獪に、新しいことに挑戦したい。

60歳からのルール
36
いくつになっても夢を持ち、行動しよう

54歳でサラリーマンを辞める頃からやりたいことが10個ほどあった。自慢話に聞こえるだろうが、これまでにやってきたことをご紹介する。

①先人や先輩から学んだことを後世に順送りするための無料読書会「世田谷ビジネス塾」主催。完全ボランティア活動で100回を記念に塾長を次世代に譲り、今は名誉塾長として、休まずに出席している。幹事の皆さんや参加者に感謝。

②「世田谷ビジネス塾」の大阪版「堂島読書会」。3年になる。

③「世田谷ビジネス塾」と「堂島読書会」で紹介された書籍から毎年「世田谷ビジネス塾ビジネス書大賞」を選考。

④本書を含め25冊のビジネス書の執筆。今後も継続したい。

⑤現在、『(仮) タカラヅカを創った小林一三と明治の商人道』というビジネス小

説を4年越しで書いている。死ぬまでに1冊は小説を書きたかった。調べ物、取材の連続で、あーしんど。あらためて、司馬遼太郎や城山三郎の偉大さを感じる。いつ日の目を見るかはわからないが、発行されたらぜひご一読いただきたい（体のいい宣伝である）。

⑥ダイバーシティに興味があるので、一般社団法人彩志義塾を立ち上げた。企業向け研修・講演を提供する傍ら、女性活躍推進のオープンセミナー「立志塾」を4年にわたり行っている。

どれも苦労はあるが、おかげさまで達成感・満足感が高い。

やってみたが、いまいち思うように進まないものも、もちろんある。

①②と拡大した読書会を、名古屋でも開催してみたが、続かなかった。

⑥は早期に仕組みにして運営からは下りるつもりだったが、まだまだ手元にある。

どちらも、自分でハードルを上げすぎて自縄自縛になったパターンだ。

それでも、とにかく着手しただけでも悔いはない。人生、そんなものだろう。

60歳からのルール
37

死ぬまでにやりたいことを持ち続ける

ココでは63歳の今、これからやっていきたいことをご紹介する。

①経営者や企業幹部向けの勉強会「（仮）仕事・部下・酒を愛する勉強会（SBS）」を年に2度ほど行いたい。地道に続けている「自分の素晴らしい知り合いを他の素晴らしい知り合いに紹介する」活動を、仕組みにしたいため。

②死ぬまでに英語の本を1冊書きたい。日本人はどんな価値観を持っていて、日本の会社とどのようにビジネスを進めたらいいか、みたいな本。

③死ぬまでに1冊ぐらい童話を書きたい。子どもたちにビジネスに従事する父母への感謝の念を持たせるような、ビジネス童話という新ジャンル。

④俳句・川柳などを作りたい。先の小林一三に影響されている（笑）。

⑤下手くそだが、「書」や「絵」をいくつか残したい。こちらは武者小路実篤の影響か？

ビジネスでもやってみたいことがある。

⑥ネットショップを経営したい。シニアやお年寄りが喜んでくれるギフトのポータルサイト。商品を選ぶのは、63歳の私。シニアの好みや昭和の香りは、若いネットショップオーナーより私の方が得意と思う。

⑦補聴器販売。死んだ私の親父も年老いた母親も両方耳が悪い。だから、いずれ私も耳が悪くなると思っている。補聴器の新しい流通を作りたい。

どちらも未体験分野だが、商社で長年やってきて「モノ×市場」のどちらかを知悉していないと新規事業は潰れることを体で知った。成長が見込まれる「市場」を肌で知る私だからこそできる事業をやってみたい。

食っていくためのコンサルや研修・講演も続けるが、このような願望があり、当分は暇になりそうにない。うまくいけば、ピンピンコロリができるかもしれない。

60歳からのルール
38

60歳からの人生計画

本多静六は明治の造園家・叙述家である。

若い頃ドイツで学んだ林業計画（森林経営学）から、彼は経済的に合理的に秩序をもって経営していく術を知り、行動し、日本の造園業のトップとして成功した。

彼は多くの名著を遺しており、ここではその中から私が得た、残りの人生の計画の意味と立て方をご紹介したい。

「人生計画は決して人生の自由を束縛するものではなく、かえってその拡大拡充をはかる自由の使徒だ」

そして、計画を作る際は、

「自分の能力と考え合わせて、高からず、低からず、まず実行可能の範囲内で組み立てろ」

と教える。

オススメは「最大の努力をもってあがない得る最大可能の計画を立てること」。それでこそ生き甲斐のある人生が味わえるというものだ。

そして、計画を予定どおりに実行したときに得られる成果が大きいとしている。計画を実行すると、優先順位どおりに仕事ができる。無理無駄がなく、仕事の出来栄えや質が向上する。成果を推測できるので、スケジュール管理が易しく、時間と努力が著しく節約できる。希望を持っているので、焦りや苦悩や疲労がなく、人生に余裕ができる。そして速く成功し、健康長寿によく、円満に一生を過ごせる。

会社に事業計画があるように、自分の人生にも計画を持てと本多は言っている。効率的な時間の使い方そのものである。

残りの人生で何をしたいか、「はじめに・終わりを考えて」本多静六のように計画するのはいかがであろう。

60歳からのルール

39

小さく起業してみる

「サラリーマンを務め終え、ふと思いついて起業してみたら、驚くほど売れ、儲かる事業となり、いつの間にか大会社となっていた」なんぞは、まずありえない。

夢のまた夢。こんな奇跡のようなことが起きるなら、みんなサラリーマンを途中で辞めているだろう。

しかし、勤め人をしながら事業家を内心うらやましく思い、自分もやってみたいと思う人は少なくない。起業して成功している友人や後輩もいる。夢を実現すること（自己実現）ほど、気持ちが良くてモチベーションが上がることはない。

一生は誰にとっても、たったの一回しかない。

だから、死ぬまでに一度は起業してみるのも決して悪くない。

ただ、「大きな売上を目指すので規模もそこそこほしい」「大きな利益もほしい」「社会貢献度も高い事業がいい」などすべてを目指すには、個人では到底太刀打ちできない。定年退職者にはハードルが高すぎる。

とはいえ、個人事業や比較的小さい資本でできる起業も少なからずある。

小売業、飲食、通信販売、講師業など。

懐と相談して、使える金額を見極めて小規模なビジネスを始めてみてはどうか。

「小さく産んで大きく育てる」

「資本金を使い果たしたらやめる」であれば、リスクは知れている。

ゲームよりはるかにワクワク感のある実業である。

それには、始める前にトレーニングをするのがいい。

セミナーに行ってみて、なぜこの講師は人気があるのか、それとも売れない理由は何かなど考えてみる。単価×客数で売上や収益金額を予測する。

飲食業もしかり。忙しくない時間に通って常連となり、いろいろ聞けば勉強になる。それぐらいの予習はしておきたい。

60歳からのルール
40

好きなところに単身移住する

少子高齢化による人口減少は続いているが、首都圏だけは増加しているという。

地方から上京して生活してきた人たちが、仕事を終える時期になっても東京に住み続ける理由は何だろうか。

友達がいる。賑やかで美味しい飲食店がたくさんある。いい病院がある。交通機関が便利。理由はたくさんあるだろう。

しかし、物価は高いし、病院や介護施設もイモ洗い状態。電車も混んでいる。

バリバリ仕事する時期が済んだら、どこに住んでも構わないのではないだろうか。

60歳からは、住みやすいところや自分が好きなところに住めばいい。

海が好きな人、山が好きな人、アウトドアスポーツが好きな人、古民家に住みたい人、農業や庭づくりに興味がある人、美味しい魚を食べるのが好きな人、気候が温暖なところが好きな人などなどは、地方移住を考えるのも一案である（銀座や新宿のネオンから離れるのがイヤな人は、東京にいればいい）。

外国に行くならビザの問題があるが、国内ならそんな面倒な手続きなんかない。もらえる年金の額はどこにいても同じなので、物価の高いところより安いところが経済的には楽チン。介護や医療費も全国一律である。

今はネットで情報はどこでもとれる。宅配だって便利になった。

たまに都会でうまい飯を食べたり、東京の友達に会いたいなら、ＪＲ各社の年齢割引を使えばいい。

かく言う私もＵターンか移住を考えている。女房は趣味の友達もいるので東京がいいと言っているが、私は正直、どこでもいい。

私は不動産を持つことには全く興味がないので、地方都市郊外の月5万円のワンルームアパートを借りてもいい。

仕事で単身赴任があるなら、仕事ではない単身移住もいいと考えている。

60歳からのルール

41

外国に住むのもいい

私の友人の両親は商社を退任してから、南カリフォルニアのとある町に住まれていた。永住権（Green Card）を取得し、ご夫婦で永住される予定であった。

その町は、海岸線沿いで風光明媚。南カリフォルニアは、地中海性気候で過ごしやすく、気さくでいい人が多く、憧れの大地である。

私も30代に7年間暮らして、本当に気に入っていた。

もうとっくに時効なので言うが、7年間の勤務が終わるときには、別の仕事を探して永住したいと思い、知り合いの弁護士に頼んで株式会社の登記もした。今でもその法人税を払い続けている。

海外生活は大変魅力的ではあるが、実行するにあたり、押さえておくべきことがある。

まず、元気なうちはいいが、病気や老後のことも考えておかなければいけない。この友人の父親はガン発病後半年で急逝した。父親の遺言はただ「お墓はなくてもいい。散骨してくれればいい」というようなものであったそうだ。

金銭関係をすべて自分で管理していて、亡くなったときには、財産目録もなく、どこにどれだけ資産があるのかもわからなかった。

カリフォルニアの自宅は売却処分が大変だった。荷物を全部処分するだけでも大変。日本からはるばる出かけて行って、短時間でせざるをえなかったという。

母親も高齢で病気がちであったので、最終的に日本に連れ帰ることとなった。

先祖のお墓がある人などは、自分がどこに入るのか、自分が死んだらどのように海外資産を処分するのか、自分の子どもが何をしなければいけないか、移住する前にしっかり家族で話し合っておくことが必要かと思う。

ちなみに、自分がカリフォルニアへの移住を行動に移せないでいるのはこのあたりの悩みもあるからだ。もっとも、政権が変わって外国人への永住権発行が厳しくなったと聞くので、この夢も幻かもしれない。

60歳からのルール

42

習うなら作品や成果をアウトプットしよう

60歳からは、習い事もやり方を変えるのもいいと思う。

基本をしっかり学ぶことは何も悪いことではないが、これから限られた時間の中で物事をするなら、インプットはそこそこにして成果（アウトプット）を出したい。

私が新入社員の頃、課長から、こう言われた。

「歌本を見て千曲も歌えるより、1曲だけちゃんと歌えるのがいい。歌詞を3番まで暗記しなさい」

当時はカラオケがなかったので、ピアノやギターで演奏してくれる「先生」の横で歌本を見ながら歌った。それを見て、このアドバイスをしてくれた。

当時の商社といえば、接待がちゃんとできないと優秀な商社マンではなかった。

だから、そのアドバイスは、自分の人生を変える大きなものであった。

ある歌謡曲を覚えてお客様の前で歌ってみたら、大ウケした。

歌本を見て歌うには下を向いて、歌本の前から離れられない。

歌詞を暗記していれば、あっちを見てもこっちを向いても歌うことができ、お客様の席の前にも移動できる。

これを機に、歌謡曲を2曲、洋楽スタンダードを2曲、ラテン（スペイン語）を2曲暗記した。歌謡曲を歌うお客様、洋楽を歌う方、何か違ったものを好むお客様にはコレと引き出しから出すことができた。

宴席を不安に思っていた自分が、いつしか「接待は任せてちょうだい」という自分に変わっていた。

先輩が教えてくれたアウトプット論であった。

楽器も同じである。ピアノもバイエルから始めるのではなく、簡単な曲を1曲だけ暗記してカッコつけて弾けばいいと思うのだが、いかがだろうか。

アウトプットを目標にすると、人生はもっと楽しくなる。

60歳からのルール
43

SNSに取り組んでみよう

これまで所属していた組織と仕事から離れると、とたんに人とのかかわりがなくなってしまう60代は多い。

孤独はイヤだが、日々出歩いて人と会うのはもっと苦痛、という人が大方だろう。

そこでインターネット上でいろんな人とかかわることができるSNS（Social Network System）を始めよう。もしどのSNSもやっていないのなら、私は、フェイスブックをお勧めする。

ネット上のツールを敬遠する同世代も多いが、使い方によっては、大変便利であり、発信力や情報収集能力がある。

すでに使っている人は、読み飛ばしていただきたいが、SNSは「人との繋がり」を便利にするツールである。

自分の周りの出来事を発信でき、自分とフェイスブック上の「友達」として繋がっている人が発信する情報が入手できる。

何に使うかはその人次第だが、差し障りのない仕事情報の発信や旅行の思い出や写真をアップしてもいいし、レストランでの料理の写真をアップしてもいい。

自分の友達だけが見ることができる設定もできるし、友達の友達も見る設定もできる。テキストや写真に「いいね」というボタンを押してくれて、何人の友達が「いいね」を押してくれたか、誰が押してくれたかがわかる。

定年退職をして、これまでの会社人脈とはオサラバする人にとっては、それ以外の人と繋がることができる、無料ツールである。


それでも個人情報の漏洩や炎上などSNSの使い方が心配なら、フェイスブック上で「古川裕倫」を検索し、古川が何を発信しているかご覧いただきたい。

もし友達申請をしてくださるなら、単に申請のボタンを押すのではなく『60歳からのルール』を読んだと一言個人宛メッセージを送っていただきたい。

60歳からのルール

44

友を集める発信をしよう

会社にいるときは、なになに部の誰々さんというステータスがあったが、定年すると、そもそもの会社という基盤がなくなる。

先に個人名刺について述べたが、それ以外に自分はどんな人かを自分から発信する方法として、たとえば「『坂の上の雲』ファンの○○」などと名乗って、関係する物事を発信するのもいい。

秋山好古の飲んだ酒、日本海海戦の日、正岡子規の生家、児玉源太郎の碑……

座右の書の関連事を発信することによって、たとえば司馬遼太郎や明治人に興味がある人が集まってくる。

発信するからこそ、同じ興味を持った人たちが集まる。

もしくは、「自分の信条は〜」と「座右の銘」を発信してもいい。

趣味を同じくする友人、想いを同じくする人と知り合いたいなら、自分から発信するしかない。

鉄道、バイク、カメラ、山歩き、釣り、音響、ギター……

こだわりがある人は、誰かに語りたいものも多いだろう。

個人名刺に印刷してもいいし、フェイスブックで発信してもいい。若手との集いに行ったら、「ハーレー歴30年の〜〜です」と自己紹介すればいい。つなぎを着て行くだけでも、おもしろいオッサンだと覚えてもらえる。

要は、定年退職前は周りが気を使ってくれるが、定年後は自分が発信しない限り、人はこっちを向いてくれない。

偉いサラリーマン生活を送った人にとっては、最初はイヤかもしれないが、そのうち慣れてくる。

「あいつは若い人に囲まれている」とうらやむ前に、「あいつ」はそれなりに自分を発信しているからこそ、人が集まってくるということを知っておこう。

60歳からのルール
45

自分を定義し直す

周りの人への発信は、自分をわかりやすく説明して、相手に理解してもらうことが肝要だ。

SNSへの発信にも、自分の哲学（らしきもの）を持つこと。人が人を知るには時間がかかる。想いや大切にしているものを伝えることも重要だ。

自分の哲学を持つ。たとえば、「自分は真っ直ぐに生きる」「人と仲良くする」「前向きに生きる」「仕事をきっちりやる」「私はNO・1よりONLY1を求める」など、なんでもかまわない。そういう考え方を相手にわかってもらうことは、時間セーブになる。

60歳の人へのお勧めは、自分の好きな言葉や好きな本を伝えることだ。

それも生き方や信条に近いことがわかるものがいい。

「七転び八起き」「一寸の虫にも五分の魂」「人間万事塞翁が馬」。

どれを聞いてもどんな生き方をしたいと思っているのか、してきたのか、ある程度想像できる。

『竜馬がゆく』『坂の上の雲』と聞けば、前向きに生きたい人だろうと想像できるし、『織田信長』『徳川家康』『宮本武蔵』などからも好みや考え方がわかる。

松下幸之助や本田宗一郎であっても、ニーチェでも塩野七生でも太宰治でもいい。

難しく言えば、座右の銘であり、座右の書である。

もっといい言葉があるはずだから座右の銘は今はない、これから探さなくてはならないと、焦らなくてもいい。

座右の銘や座右の書は、「いままでで一番心に残った言葉」「いままでで一番好きだった本」でいい。もっとよい言葉や書物に出くわしたら、そのときに変えればいい。

この本の巻頭に、そうした「自分を再定義する」リビングノートをつけた。ぜひ書いてみていただきたい。

60歳からのルール
46

新しい人脈を作ろう

人脈を作るのは今さら、面倒と思われるかもしれないが、今からでも決して遅くない。

信頼関係を構築でき、つき合って楽しく、お互いに尊敬できる関係が最もいい。

あるとき、友人が異業種交流会を始めたというので参加した。

和やかな雰囲気であり、あちこちで会話もドリンクも進んでいる。名刺交換もたくさんした。お開きとなり、主催者にお礼を言って別れた。

翌日電話があった。

「昨日お会いしたものですが、リゾートマンションを買ってほしいので、説明に上がりたい」

興ざめして、主催者に電話した。

「売り込みのための異業種交流会ならもう行かない」

人脈作りには「お互い様」が基本である。

このあたりは、大会社に長くいた人ほどわかっておらず、苦労をしてきた中小企の人間の方がずっとよくわかっている。

いい格好をするようだが、私の信条のひとつとして、これがある。

「自分が知っている素晴らしい人をできるだけたくさんの他の素晴らしい知り合いに紹介したい」

素晴らしい人かどうかは、私が勝手に判断している。

考え方ひとつで多くの素晴らしい人に出会える。

ただ、自分から出かけて行って行動しないとなかなか実現しない。

一歩前に出ることが大切だと（偉そうではあるが）言わせていただく。

5章

好かれるオッサンになる

60歳からのルール

47

「晩節を汚さず」の意味を知っておこう

「若気の至り」という言葉がある。

若者は、未熟なところもあり、時としてやりすぎやオーバーランをして失敗することがある。そこは大目に見ようという言葉である。

ところが、「老気の至り」という言葉は聞いたことがない。

若くあっても歳をとっても、前向きに物事に挑戦すると、失敗はつきものである。

しかし、長年生きてきた人は、知恵も分別もあると世の中の人は理解する。

「晩節を汚さず」とは、そのような人が、やりすぎやオーバーランをしてみっともない生き恥を晒すのは、晩節、つまり人生の終焉に近い節目を汚すことになりよくない、という意味である。

人間の評価は、人生の後半をどう生きたかによるとも言われる。

若い頃は、愚行を犯したり、思考が支離滅裂であったりでも、それらはまだ許容されるが、歳を重ねてきた人はそれなりの生き方をすべきであるとの教えである。

本章でこれからご紹介するオッサンが嫌われる行動は、まさに「晩節を汚す」ものであり、自戒も含めて大切にしたい心得である。

先人が、「晩節を汚さず」という言葉を残したのには、それなりの理由があるだろう。

現代人だけではなく、昔から晩節を汚してきた人がたくさんいたので、そのようになるなと先人が教えてくれているのだと推測する。

つまり、現代だけではなく、昔から道理や理をわきまえない自分勝手な年寄りが多かった。

歳をとると、誰しもが陥りやすい「晩節を汚す」行動や発言が飛び出しやすくなるということ。自分も含めてこの意味をよく考えたい。

60歳からのルール
48

「最近の若いやつ」からの意見にも聞く耳を持とう

会社生活でオッサンが敬遠される大きな理由のひとつに「話を聞かない」というのがある。

私たちは、その先輩や上司からアレコレ言われ、時には叱咤され、顧客からも文句を言われ、いろんな失敗や成功を重ねて成長してきた。

そんなベテランからすると、経験不足で時には頭でっかちだけの後輩からの提言や意見はとるに足らないと思うことがよくある。

「最近の若いやつはダメだ」

という言葉を連発する人も多いが、本当の理由は経験や知恵の量が違うから。「若いから」ではなく、「経験不足だから」稚拙な案になってしまうだけだ。

（という話をしていたら、編集者から「若手は、年配者とは『価値観が違う』と思

って ます」と言われた。）

ちなみに、「最近の若いやつは」と言っている人たちも、若い頃はその先輩たちから「最近の若いやつは」と言われてきた。

戦前の人は戦後の人にそう言い、戦前の人は明治・大正人からそう言われてきた。明治人も江戸時代の人から言われ、ずっとずっと昔から同じように言われてきた。縄文・弥生時代にも、狩りのやり方や農耕のやり方などを見て、「今の若いやつは」と言われていたに違いない。

自分の意見を持つ若手を尊重し、真摯にその話を最後まで聞く耳を持ちたい。

これはリーダーシップの重要な基本動作でもある。

何歳年上であっても、若手からの意見に感謝の意を表し、聞く姿勢を十分持つことである。

定年したら、すでに若手とは対等の立場だ。

仲間からの言葉として、しっかり受け止めてほしい。

60歳からのルール
49

利害関係のない友を作ろう

フェイスブック上で5000人友達がいる人をたまに見かける。びっくりするほどの有名人でもない限り、会ったこともない人たちともつながっているからこのような数字となっているのだろう。

私は若手に研修をするとき、人生で何人に巡り会えると思うかとよく尋ねる。若手は皆目見当もつかないが、せいぜい何百人単位ではないだろうかと説明する。同じ時代に生き、何らかのご縁で知り合える人などしれている。反対に、出会える人が少ないからこそ、「ご縁」というのだろう。

かといって、昔の人脈だけで生きるのはもったいないと私は思う。60代でも70代でも新しい出会いがあり、そこから一生の友となるかもしれない。

利害関係のない友人が増えることは素晴らしい。

私は、「〜料理を楽しむ」「〜を飲む会」という異業種交流会は（体がもたないので）そろそろ卒業しようと思っているが、ちょっとでも役に立ちそうなセミナーや自己啓発につながる交流会にはよく出かける。

新しい出会いがあり、楽しい。名刺を20〜30枚もお渡しする会もある。

そういうところでは、共通の書籍の趣味を持つ人や同じような考え方を持つ人と出会うことも多い。

若い人にも、志が高い人やそれなりの人物が大勢いる。


新しい出会いは楽しいものである。

わずかな恥ずかしさを捨てて、自ら一歩前に踏み出さないといけないが、新しい出会いの喜びの方がはるかに大きい。

私ももちろんそうだが、「恥ずかしい」ことの経験豊富な人は、さらにひとつや2つ新しい経験に挑戦するのもいい。

60歳からのルール
50

益者三友損者三友

論語に「益者三友損者三友」というのがある。

交際して自分にとってためになる友人には3種類あり、交際して損をする友人も3種類ある。

前者は正直な友、誠実な友、博識な友。

後者は不正直な友、不誠実な友、口先のうまい友。


歳をとっても、口先だけの「口から生まれたベラゴロー」がいる。

調子がよくて、ニコニコしている。

若手を見たら「今度飲みに行こう」と空手形を連発する。

若手にも見透かされているから、期待もされていない。

こういう人たちはそもそも忙しいし、大きな責任を持って政治や会社を動かしている。顧客、社会、社員、株主などへの重責を負っている。忙しくて責任重大な仕事をしている人には、つまらぬことを頼みに行くものではない。

淡交の解釈は複数あるかもしれないが、相手が重責の地位にいるときこそ、むやみに連絡せず一定の距離を保つ。そしてその人が重責から降りて周りの有象無象がいなくなってからゆっくり時間をもらえばいい。

福沢諭吉の主張の通り、独立自尊がいい。諭吉は「個人の独立なくして国家の独立なし」と言ったが、その基本は個人が独り立ちすることだ。他人を頼りにせず、自分で自分の道を開くことだ。

後輩も子どもも孫も独立してもらうことを第一義に考えて、それなりのつき合いをしたらいい。

いいつき合いをしたいなら、相手の立場をよく考えて、あまり近づき過ぎず、礼儀を持って接することである。

60歳からのルール
52

60歳からの新しいルールとマナー

日本人という（少しだけ）真面目な民族は、ルールは守るがマナーに欠ける。

電車内でのイヤホンからのシャカシャカ音漏れは迷惑千万であるが、それはとがめられない。「携帯電話を電車内で使ってはいけない」というルールがないから。

もし（もしもである）、私がシャカシャカ音漏れの若者を注意して、若者が逆ギレをして、私を殺したとしよう。そうするとマスコミが報道し、電鉄会社もイヤホン禁止とのルールを作るかもしれない。そうすると、それは守られるだろう。

私は自分の携帯に「うるさいですよ。音漏れが」という画像を持っていて、シャカシャカ音漏れの若者に時々見せるのだが、ハイと言って音を下げる敵は少ない。

ルールは守るが、マナーにはまだまだという国民性なのかもしれない。極めてジャンネンである。

日本には武士道というジェントルマンシップがあったのだが、どこへ行ってしまったのか。

さてまだ生まれて1回しか電車で席を譲られたことがない小生ではあるが（日本ではなく上海の地下鉄で）、60歳からは新しいマナーをわきまえるべきだと思う。

反面教師は、ラッシュアワーの「急行電車」に乗り込んでくるオバサンである。通勤地獄を熟知しているオッサンは、そこに荷担するようなマネはまずしない。

朝早く起きるのが苦痛ではないオッサンは、早く出て「普通電車」に乗って座ったらいい。もしくは遅くするなど、ラッシュ時は避けよう。

少なくとも、これ見よがしに優先座席のほうに行って、座りたいアピールなぞはしないことだ。

電車の中で大きな声で話しまくるのもやめよう。耳が遠くなっているのかもしれないが、通勤地獄のイライラ度を高めることこの上ない。

席を譲るのがマナーであれば、それらを考えるマナーを持つオッサンになりたい。

60歳からのルール

53

キレるジジイにはなるな

歳をとると、丸くなる人と短気になる人がいる。

前者が望ましいが、後者の割合の方が高いように思う。


東京飯田橋の有名喫茶店でのこと。

「うるさい――――!」

突然気が違ったかのような大声が聞こえた。

しばらくするとまた耳をつんざくような声で
「店長をダセ――――!」

と叫んでいる。

後ろを振り向くと、60代半ばのオッサンが、

「うるさいんだ。床に椅子をギーギーやって。やかましくて仕事もできない！！！」

と女性店員に食ってかかっている。確かに、木製の脚の椅子を乱暴に引くと、ゴトゴトゴトと大きな音がする。私は、この音に腹を立てているとようやくわかった。

「恥を知れ」と睨んでやったが、敵は私には目線を合わさず、女性店員にまだ文句を言っている。

そのうち、カームダウンしたと思ったら、椅子を持ち上げ、椅子の脚の先を指差しながら、

「あのな、この椅子の脚の先に、ゴムをつけるんだ。ゴムの種類と大きさは〜〜」

とウンチクを垂れている。ひょっとしたら昔はゴムかプラスチックの技術者だったのかもしれない。だから言いたがるのかもしれない。

ウンチクを垂れるのはいいが、そんな大声で叫ぶなよ。みっともない。

現役時代は、会社の体面などを考えて歯止めが利く。

所属がなくなった解放感からか、やりたい放題やってしまうのかもしれない。

60歳からのルール

54

聞く我慢もしよう

若手が語る内容が未熟であると冒頭を聞いただけで仮にわかったとしても、そこで相手の話を遮って自分が発言することは何としても慎みたい。聞くのもオッサンの仕事である。全部聞いてやろう。幼くても、絵に描いた餅であったとしても。

我々が若い頃は、上司から同じ説教をされても、我慢して聞いてきたではないか。多くの人が歳をとると我慢が足らなくなる。話を半分聞いただけで、その先が想像できるので、そこで相手の話を遮って、自説を語ってしまいがちである。

若手に「勉強が足らん」と思ったら、同時に自分に「辛抱が足らんのではないか」と問うてみることである。

かく言う私も、恥ずかしながらこの問題を抱えている。

会社員時代に部下と飲みに行ったときに、何度か「私の欠点は何か?」と聞いてみた。何人にも言われたのはこうである。

「最後まで何とか聞いてもらえるのですが、話の途中で同意か不同意かが、顔に出てきます。

古川さんがYESの表情のときは、私もノッて説明を続けられますが、NOの顔のときは、こちらも遠慮してしまい、説明を継続するのも難しくなります。

そうするとますます焦って言うべきことが言えなくなります」

こんな人と接した経験は、あなたもあるだろう。

「何でも言ってくれ」などと口では言うが、本当にちゃんと聞いているか、また提言に対して素直に答えているか考えてみることが必要である。

特に若手から自分自身を否定されたとき、素直に聞く耳を持ち続けることができるか、考えてみたい。

60歳からのルール

55

広がっていく人、萎んでいく人の違いを知っておこう

歳をとって広がっていく人と、萎んでいく人がいるようだ。
これには「80対20の法則（パレートの法則）」があてはまる気がする。
2割の人は歳をとっても広がるが、8割の人は萎んでいく。

【広がっていく人（20％）】
明日や将来何をしようかと考える
今から～しよう（肯定形）
新しい出会いを歓迎する
人から頼まれごとが多い
読書家が多い

【萎んでいく人（80％）】
過去を回想する時間が多い
今さら～しない（否定形）
過去の友人と主に過ごす
人から頼まれない
読書は暇つぶし程度

活き活きしていて気持ちが若い　それなりの心の年齢である
仕事についている　引退の身分

どちらがいい悪いという問題ではなく、違う生き方があるということだ。

私のメンターのひとりは私より14歳年上の元上司だが、間違いなく、広がっていく人である。

半年に一度、その人を囲んで私を含めた元部下たちとで会合をしているが、勉強量、読書量、話題力、情熱、積極性、行動力のどれをとってもその人には勝てない。

こちらも積極的に人と出会ったり、セミナーに出かけたりしているが、むしろ、それらの差が半年ごとに広がっていく。いつまでたっても追いつく気配すらない。

その方の信条は、

「前向きに、明るく、逃げず、知ったかぶりせず」。

後輩からすると尊敬でき、何歳になっても若く素敵な人物なのだ。

60歳からのルール
56

今さら～しない（否定形）VS 今から～する（肯定形）

前出の60歳から「開いていく人」と「萎んでいく人」の差は行動になって現れる。

「今さら～しない（否定形）」と「今から～する（肯定形）」である。

「今さら、パソコンの使い方を勉強しても……」

「今からスマホの使い方を学ぶ」

歳をとると、これまでの経験から先のことを想像する。

新しいことに挑戦するには、勇気が必要であったり、時には失敗を覚悟しなければならなかったり、面倒である。

挑戦しない人は、スマホを使いこなせるようになれば、便利なのは頭ではわかっているが、その手前の学ぶ面倒くささがイヤなのだ。

「成果」という喜びと「学ぶこと」の面倒くささのテンビンである。

動物の赤ちゃんも人間の赤ん坊も、何も考えずに、自分で立ち上がろうとする。何度失敗しても、また立ち上がろうとする。

立ち上がったら、ひっくり返るリスクがあるとは考えない。

実年齢は別にして、心が若いといろんなことに挑戦するのであり、心が歳とっていると消極的になるのかもしれない。

親友が、ついこの間63歳の誕生日を迎えたので、フェイスブックでメッセージを送った。

「お誕生日おめでとうございます。誕生日とは歳を数えるのではなく、一年の志を立てる日だそうです」

すると、こんな返事が来た。

「いい言葉をありがとうございます。還暦を超えて3年となります。だから私の心は3歳です」

失敗を恐れず常に挑戦している人は、やはり3歳なんだと微笑んでしまった。

60歳からのルール
57

素の自分をさらけ出そう

もう10年以上前のこと、テレビで手品師のマギー司郎が小学生に手品を教えていた。初日は手品のやり方を教えて、翌日クラスメートの前で披露するという。

初日の終わりに、マギー司郎がこう子ども達に言った。

「家に帰って、お父さん、お母さんに聞いてきなさい。自分の悪いところは何かと」

翌日手品を披露するときに、自分の悪いところをクラスメートへしゃべらせた。

「僕は、宿題にいつまでたっても取りかからない」

「私は、食べものの好き嫌いが多くて、いつも叱られています」

などと言って、自分を目の前のクラスメートにさらして、手品に臨む。

すると、どうだろう、手品のウケが非常によくなり、拍手喝采となった。

マギー司郎が言うのは、こうだ。

自己開示をすると相手との距離が縮まる。手品をする人と見ている人の心の距離がぐんと近くなる。

同じように、ビジネス用の「よそ行き」の顔だと、人と人の距離が離れたままであるが、自己開示をすると親近感が湧いてくる。

もう、つつがなくサラリーマン生活をしないでいいのだから、身の丈の自分、ありのままの自分を周りの人に見てもらったらいい。

わがまま放題言うという意味ではない。そろそろ素の自分をさらけ出してもいいのではないか。

気楽になって、背広もその上に着ている鎧も脱いで、人とつき合うのがいい。きっと、いい友達がたくさんできる。


「裏を見せ　表を見せて　散る紅葉」

という良寛の言葉がある。

自分の裏も表も見せてきたのだから散っても（死んでも）悔いがない。

6章

一生持てる
学びと遊び

60歳からのルール

58

歳をとっても学んでいる人は幸せで楽しい

サラリーマン時代を考えてみよう。

業界知識、仕事の進め方、説明能力、理解能力、方針策定能力、企画力などスキル（左脳能力）が高くて優れている人は、どんどん実績を上げられただろう。

部下からある意味尊敬されるであろうが、それだけでは人を動かしていくのに十分ではない。

「笑顔がいい」「竹を割ったようなまっすぐな性格」「人を包み込むようなあたたかさや度量」「わからないことは教えてほしいと言える素直さ」など人間力（右脳能力）をかね備えていないと立派なリーダーとは言えない。

完璧ではなくても、左脳・右脳の両方の能力を備えたリーダーだから人はついていく。

では、60歳からは、これらは不要になるだろうか。

まだバリバリ仕事したい人たちには、もちろん不可欠である。

現役を退いても、新聞に目を通し、世の中の動向をしっかり把握している人はいる。仕事の進め方を忘れずにいて、左脳能力もサビていない。長時間労働や満員電車には耐えられないが、何かの相談をされたら（多少の周辺勉強は必要でも）答える能力を持っている。人間力も高い。

こういう人は得てして、新しい人に会っては学び、新しい書物を手にとって学び続けている。

歳をとって「開いていく」人である。

そういう人は後世からも愛され、尊敬され続ける。

知識の絶対量が高いことが尊敬される理由なのではなく、歳と関係なく学び成長していることが魅力的で尊敬を受ける理由なのだ。

つまり、60歳からも学び続ける価値があるということだ。

60歳からのルール
59

60歳からの読書のすゝめ

若い人は暇がないから読書ができないという人も多い。

では、時間がたっぷりある人はいかがであろうか。

阪急電鉄や宝塚歌劇を立ち上げた小林一三は、こう言っている。

「金がないから事業が起こせないという人は、金ができても事業を起こせない」。

要は、その気があるかないかと問うている。

一三は、その蔵書や著書の数からわかる通り、大変な読書家であった。文芸、小説、政治・経済、歴史、自己啓発書などありとあらゆる書籍を少年時代から往年まで読み続け、それらを自分の血肉として、事業構築の基礎とした。

「名経営者には、読書家が多い」は、私の持論だがいかがであろう。

なにもこれから経営者になるために読書をせよとは申し上げないが、本書でいういい60代となるのに、読書はもってこいである。

いろんな投資があるが、読書は非常に効率の高い「自己投資」であると思う。

世の中には「投資」と「浪費」があるが、読書は間違いなく「投資」。私のように毎日居酒屋なんぞでグータラ飲んでいるのは、「浪費」である（笑）。

幕末の儒学者佐藤一斎の有名な言葉がある。
「少にして学べば、壮にしてなすことあり
壮にして学べば、老いて衰えず
老にして学べば、死して朽ちず」
幼いときから学んでいれば、壮年になって成功する。壮年になってから学べば、歳をとっても衰えない。老年になって学び始めても、考え方は死んでも腐らない。
学びの開始に遅いということはない。いつでも始めたらいい、という教えである。
ついでに、「老いて衰えず」とは、学び続けていると「ボケない」ことだとも私は理解している。

60歳からのルール
60

どんな本をどう読めばいいか

何を読んでも役には立つが、趣味ではなくビジネスを継続したいとか、働く後輩に順送りしたいというのであれば、次の４つのジャンルがお勧めである。

・ビジネス書
・自己啓発書
・歴史書（歴史小説もいい）
・伝記（自伝も含む）

では、どう読むのがいいか。あれこれ考えずに読んでもいいが、60代なら次がいいと思う。

・「自分の考え方や行動」と「本」とを比較しながら読む。
・次回読むときのために、線を引き、折り込みを入れる（中古本屋には持っていかない)。コメントを書き込むのもいい。私は、「なるほど」「ホント?」「ウソー」とか書き入れている。折り込みが多い本は、自分にとって貴重な本であり、よい本は何年かして読み返す価値がある。

・「易しい本」を選ぶ。私の慶応大学卒の友人には、『学問のすゝめ』を買ったが、読んでいない輩が多い。カッコつけて原書を買うから、難しくて読み切れないのである。現代語訳がいい。

・読んでいる本が「つまらない」「難しい」と思ったら、サッサと読むのを止めて、「挫折本(と呼んでいる)」にして、別の本に取りかかる。10冊中2冊ぐらい「挫折本」があっても気にしない。

・全ページ読む必要もない。新聞や週刊誌のように、気になるところだけ目を通せばいい。

私のホームページにジャンル別にした「良書紹介」があるので、よろしければご覧いただきたい。http://www.taku-an.co.jp/recommend.html

60歳からのルール
61

良書のすゝめ

人生の時間は限られており、その中で出会えて自分が読める本の数などしれたものである。

日本だけでも年間7万冊の新刊本が発売されている。大書店には毎日200冊の新刊本が届き、中には箱を瞬間開けただけで、出版社に返品されてしまう本も多い。だれも年間7万冊も読めないし、図書館に行けば何十万冊も待っている。

その中から、良書を読めとは先人の教えだ。

人はとかく新しいものに魅かれがちであり、新刊本というだけで、飛びつくことが多いと、ショーペンハウエルが指摘している。

新刊の中で、よいものだけが重版されて世に残る。

『言志四録《げんししろく》』（佐藤一斎）、『学問のすゝめ』（福沢諭吉）、『武士道』（新渡戸稲造）、

『代表的日本人』（内村鑑三）などは人の生き方を教える名著であり、多くの現代語訳が出版されている。

時代の変化があるので、確かに現代の考え方と合わないところもなくはないが、そこは差し引いて読めばいい。

ただ、真理や人の考え方はころころ変わるものではない。

本書でも志について述べたが、これなどは古今東西言われていることである。

芥川賞とか直木賞というだけで、受賞作家に殺到しがちだが、受賞作家で、ずっといい作品を世に送り出している人など少ない。

私もよくやるのだが、タイトルや書評などに惑わされないようにしたい。

司馬遼太郎の『竜馬がゆく』は2500万部、『坂の上の雲』は2000万部以上売れている。日本の世帯数が5000万弱なので、『竜馬がゆく』などは2軒に1冊ある勘定となる。

こういう名著は、古本屋に溢れているかといえば、そうではない。大切な本は、売らずに家にとっておく。そういう本を読むのが大事である。

60歳からのルール
62

幸福論を読んでみよう

今後の生き方を考えるときに、幸福と死の両方を考えておくのは大きなヒントになる。ここでは幸福論をご紹介したい。

人は誰しも不幸を悩み、幸福になりたいと思ってきたので、古今東西多くの人が「幸福とはなんぞや」とか「どうすれば幸福になれるか」という本を書いている。

フランス人のアラン、スイス人のカール・ヒルティ、イギリス人のバートランド・ラッセルの幸福論は、世界3大幸福論と言われている。

アランは、自ら行動せよと教えている。

「幸福になりたいと思ったら、そのために努力しなければならない。無関心な傍観者の態度を決め込んで、ただ扉を開いていて幸福が入るようにしているだけでは、入ってくるのは悲しみでしかない」

「幸せだから笑うのではない。笑うから幸せなのだ」と聞いたこともあろう。

ヒルティの幸福論では、「働く」ことに焦点が当たっている。ビジネスを経験してきた我々にはわかりやすい幸福論であり、後輩にもお勧めである。

「仕事は、人間の幸福の1つの大きな要素である」

「我を忘れて自分の仕事に没頭することのできる働き人は、最も幸せである」

「幸福を得るには、あらゆる人間の性質の中で、勇気が最も必要である」

ラッセルも、仕事は幸福をもたらすものだと教える。

最低でも「退屈な時間をつぶせる」し、「仕事をすれば休日が楽しくなる」し、おまけに「野心のはけ口にもなる」満足感を伴う。

仕事をおもしろくするには、技術を高めることと、何かを作り上げることだという。確かに、全力を尽くした成果物を見るときの幸福感は何事にも変えられない。

60歳からのルール
63

下問を恥じず

論語に「下問を恥じず」という言葉がある。

わからないことがあれば、部下や若手に遠慮なく聞くべきという意味。

専門家や先生に聞くことはできるが、若手にはモノが聞きにくいという人が少なくない。

本来知っているべきことを知らないと恥ずかしいという気持ちがあるのだろう。

つまらないプライドがあって、聞きづらい。

前向きで積極的な人ほど、これができている。

わからないことは、何でもすぐその場で堂々と聞いている。

「聞くは一時の恥、知らぬは一生の恥」である。

ある定例のビジネス講演会で、いつもは（司会業とはほど遠い）定例会幹事が交代で司会をしていたが、その日は誰が見てもプロの司会者が流暢にアナウンスしていた。

遅れて入場してきた恒例の特別ゲスト（某グループ会社の会長）が、着席し、その司会者を見るや、振り返って後ろの席にたまたま座っていた私に

「あれは誰かご存知ですか」

と聞いた。

「私は、幹事ではないので存じ上げません」

と答えたら、今度は自分の席の右や左の数人に聞いていたが、誰も答えられない。そうしたら、立ち上がって幹事のいる席へツカツカと行って、

「あれは誰だ？」

と聞いてようやく、答えを知った様子であった。

わからないことがあったら、その場で誰にでも聞くという姿勢の問題である。

世の中、聞かないとわからないことだらけである。

60歳からのルール
64

吉田兼好に学ぶ季節の楽しみ方

60歳からは、心に余裕を持って日々を大切に過ごしたい。

徒然草に吉田兼好はこう記している。

「桜の花は満開だけを、月は満月だけを楽しむべきものだろうか」

確かに満開の桜は人の心を浮き立たせ昔からの春の楽しみである。満月もしかり。

しかし、兼好はこう続ける。

「物事の最盛だけを見るのが本当の楽しみとは限らない。まだ満開にならない花も美しいし、散りつつある花も美しい。庭一面に散った桜も美しいではないか。雲で隠れた月を想像するのもいい」

これを知ってから、私は、花見も早めに行く。満開時には猫も杓子も押し寄せるので、混んでいて大変である。桜は3分咲きでも5分咲きでも楽しめる。

最近は、コンビニ弁当とカップ酒で、平日昼間に気軽に駒沢公園に出かけて、エンジョイしている。

私の勝手な解釈ではあるが、兼好の言葉は、人生にもあてはまるのかもしれない。

最盛期の女性もいいが、それを過ぎた女性もいい。

働き盛りを超えた男性も、ほんの少し見識やユーモアがあったら、いいのかもしれない。

相手が最盛期の男性として見てくれていないなら、この徒然草を紹介しようではないか。

「桜も満開でなくても、満月でなくてもいい」

そう説明しただけで、わかってくれるかという疑問は大いにある。

そこを口はばったく説明するのは格好悪いが、歳に免じて厚かましくいこう。

「花も月も美しい、それを美しいという心が美しい」と。

花や月を見て美しいと思うのは、心が美しいから。こうありたい。

60歳からのルール

65

学びや趣味の後の一杯を楽しむ

私が主宰する勉強会の後には必ず飲み会をする。

私が酒好きだからと言われることもあるが、それだけではない（と、大声で言いたい）。

一緒に脳に汗をかいた人たちが、勉強会で共感したことを話し合える絶好のチャンスである。昼間何もしていない人同士が夜集まって飲むのと、同じ課題に取り組んだ仲間が、その後で酌み交わす酒の味は違う。

勉強会の後の飲み会は、まず間違いなく盛り上がる。

聞き逃したこともあり、発言し忘れたこともあり、復習確認したいこともある。

勉強会の席で遠慮していた人が、好きなことをしゃべれる機会でもある。

またお互いの交流になり、仲間意識が高まる。

論語にこうある。

「学びて時にこれを習う、また喜ばしからずや、朋あり、遠方より来るまた楽しからずや」

学んだことを機会あるたびに復習し、身につけていくことは喜ばしい。友が遠方から訪ねて来てくれるのは楽しい。学びを共有できる友達と再会できる喜びである。

趣味も同じだと思う。

今は前のように熱心ではないが、一時囲碁にはまっていたことがある。

そのあとで囲碁仇と居酒屋で一杯やる。

対局中は知らん顔していても、内心はドキドキしていることも多い。あのときは、こう思った。あの場面ではこう感じたという復習ができ、楽しさを反芻できる。

やはり、「仕事をしっかりしたあとの食事はうまい」というヒルティの教えは正しいと実感する。

お試しあれ。

60歳からのルール
66

温泉での命の洗濯

私の至極の楽しみは、温泉ひとり旅である。

世の中には、いろんな飲み屋やお店に行きたい人もいれば、馴染みの店に通うことに喜びを覚える人もいる。私は後者であり、いつもの「あの温泉」に、かれこれ20年以上通っている。

群馬県上牧の温泉旅館。繁華街やショッピング街もなく静かなところで、利根川のせせらぎが季節の水量によって微かに変わる。春は谷川岳からの雪解け水がゴーと流れ、夏は水量が少ないのでサラサラと聞こえる。

上越新幹線で東京駅から1時間ほど、そこからバスかタクシーで10、15分。

昔、山下清という画家が愛した旅館である。山下清が創った切り絵が大浴場のタイルのデザインとなっている。

川のせせらぎを聞きながら、ゆったりまったり湯に浸かる。露天風呂もよし、ヒノキ風呂もよし、そして山下清デザインの湯もよし。

従業員さんのサービスは、たいそういい。

そこに最低でも2連泊、長くなると4～5泊する。

私は本を書く仕事もしているので、そこは職場ともなる。

高さの低い応接机だと前かがみにならないと書けないので、高さのあるテーブルと椅子を宿が用意してくれる。卓上用の蛍光灯と集合電源プラグも部屋に入れてくれるのでありがたい。

ボーとしてくると湯に浸かり、また机に向かい、うまくいかなくなるとゴロ寝する。起きて机に向かうこともあれば、散歩に出かけることもある。

ああ、誠にありがたい贅沢である。

東京では、毎日酒を飲んで散財しているが、それ以外にはほとんど贅沢はしていない。

休息をとる意味で「命の洗濯」というが、心の洗濯でもある。

60歳からのルール

67

遠出と近場の旅を楽しむ

女房の還暦祝いを兼ねて、函館と八戸に旅行に行った。

知り合いの水産食品会社の函館工場と八戸工場を見学したかったので、そこに決めた。工場見学も勉強になり、夜は海の幸に舌鼓を打った楽しい旅であった。

旅行についても、60歳を超えると、歳を感じる。十数時間のフライトは、ビジネスクラスならまだ大丈夫とは思うが、エコノミークラスだと辛い。

若い頃はどこに出張するのも辛くなかったが、今では海外旅行も移動2〜3時間がマックスと思える。結果、韓国や台湾の近場となる。

そもそもモノグサな性格なので、私は旅行に行っても、重い荷物をコロコロ引いてあちこち回るのは好きではない。

家族でハワイに行ったときも、買い物に行きたい者は出かけるが、私は海を見ながらベランダでゆったりと読書をしていた。同じ場所に朝から夕方まで座っていたので、顔の左半分だけ真っ黒に焼けた。

友人と釜山に行った際、友人夫婦は、世界遺産を含めて分刻みであちこちまわっていたが、我々は市内を散歩する程度で遠出はしない。フンパツして美味しい料理やお酒を楽しむということはもちろんする。

自分がこれまで住んだところで一番気に入っているのは、先にもお話しした南カリフォルニアである。

天気が素晴らしい。夏でもカラッとしていて、日本の蒸し暑さとは雲泥の差だ。その気候の良さに、短期間であれば、毎日1万円支払ってもいいぐらい。

しかし、最近のようにロングフライトがイヤだとウジウジ言っていると、そのうち足腰が言うことをきかなくなるかもしれない。

ビジネスクラスに乗れるようにお金を貯めるか、早いうちに一大決心をして行くしかないとは思っているが、いつになることやら。

決断できない老人になってきたようである。

60歳からのルール
68

女性との飲み会を大いにやろう

「お前は、若い女性とよく一緒にいるね。うらやましい」

とフェイスブックへの投稿を見た元同僚から言われた。

「立志塾」という女性管理職・役員を目指す塾や「世田谷ビジネス塾」という無料読書会を長く運営し、他の塾や交流会にも参加している。

それらの懇親会や会合に出ているから、若い女性とも飲む機会がたくさんある。

文句はないし、決してイヤではない。

正直、嬉しい。

同期のオッサンたちが集まって、病気自慢や年金の話ばかりをするより100倍楽しい。

こういうせっかくの機会を長続きさせるのに、実は無理をしているところもある。ひとりの男として惹かれる女性もいるが、そこは理性でこらえて、紳士的に振る舞ってしまう。楽しい会を長続きさせるには、余計な関係があってはまずいと思うからである。

だから、友人がうらやましがるに値するかよくわからない。美味しいお酒を笑顔で一緒に飲めるということだけ楽しんでいる。

歳をとっても、好きな女に惚れ、時に間違いがあっても、そんなことをいちいち気にかけないという生き方もある。こちらの方が、自分に正直で、自分の枠にはめ込まない自由な生き方かもしれない。

私と同年代の男が60歳で再婚し、62歳で子どもができた。64歳で2人目も生まれた。

別の同年代の友人は、つい先日3度目の離婚をして、現在新しい彼女にゾッコン惚れているという。

あーあ、うらやましい限りである。

7章

「老い」との
つき合い方

60歳からのルール
69

老いの兆し「忘れる」

悲しいかな50代から60代にかけて老いの兆しがやってくる。

40代でもいるが、人の名前を覚えられず、アノ会社のナントカさんということが増えてくる。

具体的に名前を挙げてモノを言わず（言えず）、「アレが」「ソレを」という「アレソレ病」にかかる。

言ったことを忘れることもある。

深く議論したことや、あれこれ問題解決のために議論した内容などは、しっかり覚えているのだが、ちょっとしたことを忘れてしまう。

古女房などは、忘れることが増えてきたのを普段の生活から実感しているが、会社ではそうはいかない。

部下や周りにこれでいいか確認されたときに
「いいよ」

と言って、忘れていることがよくある。

些細なことで「言った言わない」になっても、意味がない。

あまり気が進まないであろうが、周りの人に
「最近モノを忘れることがよくある」

と正直に言っておこう。

そう言っておかないと、周りの若手が本気で
「前にも申し上げました」

と食ってかかってくることがある。

向こうは私たちが忘れているとは信じ難く、

「言ったことを知らん顔して変えている」

とマジに怒るのである。

こっちは、悪気なく、単に忘れているだけなのに。

60歳からのルール

70

老いの兆し「探す」

自分の同期に、ある勉強会の講師をお願いした。

大変優秀な人物で、商社を30代で辞め、外資金融を経て自分のコンサルティング会社を経営し、まさに世界を股にかける仕事をしている。

その勉強会の夜、帰宅したはずの彼から電話があった。

「俺のカギ、勉強会の会場に忘れてなかったか?」

探してみたが、それらしきカギがない。

しばらくしたらまた彼から電話があった。

「悪い悪い、カギあった。自分のカバンの中にあった」

「僕にはよくあるのだが、君でもこんなことがあるのか?」

「そうだ。2日に1回、何かがないないといって、探している」

「お互い歳はとりたくないねー」

城山三郎の『そうか、もう君はいないのか』（新潮文庫）は、尊い夫婦愛を描いた心温まる名著であるが、その晩年の自分の生活を日記風に描く中で、

「最近自分はいつも何かを探している」

と書いている。

私も、自慢でないが、探し物が多くなってきた。

カギや携帯はしょっちゅうである。ストラップをつけるとか、カバンの中や家の中で、所定の位置を決めるとか対策が必要である。

ネットで調べものは最悪である。関連分野におもしろそうなものがあると、本来の調べものからは逸脱して、別のものにはまっていることがよくある。その結果、自分は何を探していたか思い出せない。最近は、探すものをパソコン横のメモ用紙に書くようにしている。いと情けなや。

60歳からのルール
71

老いの兆し「バランス感覚」

本書の企画段階の打ち合わせで、編集担当から「体のメンテや終活についても書いていただきたく。あんまりしょぼくれたこと書きたくないかもしれませんが、身の丈サイズの話も、ぜひ聞きたいです」と言われた。

それで、自分は気持ちだけは若いつもりであるので、考えたこともないことを考えるハメになった。

確かに、地下鉄の階段を上がるより、自分はエスカレーターに乗っている方が多いことぐらいは前からよくわかっていた（そのくせ、小学生や中学生がエスカレーターやエレベーターに乗っているのを見ると、「大事な成長期なのだから階段を上がれ」と思ってしまう。これも「老いの兆し」であろうか）。

「老いの兆し」を考えていて、ふと片足で立ってみた。

こんなのはできないはずがないと思っていたが、実際にやってみると右足で立つ方がバランスをとりにくいことに気づいた。自分は左足の方がとりやすい。目をつぶって同じことをすると、ほぼできない。

そんなの簡単と言う人は、エスカレーターに乗ったときにやってみてほしい。エスカレーターのほんのかすかな動きでも、バランスがとりにくい。

こんなことはたやすいことと思っていたのに、自分の現実を知って、がっくりであった。

実力を知ることは意味あるのだろうが、余計な「老いの兆し」を考えて精神的には損をしたような気分だ（と、優秀な編集者にもすぐ文句を言いたくなる。これも「老いの兆し」なのだろう）。

話を戻すと、椅子に座らずに、立ったままで靴下を履いてみよう。簡単にできるはずと思うが、「ハズ」と「現実」は違う。

精神力だけでは到底ダメであり、やはり適度な運動が必要なのだろう。

60歳からのルール

72

メタボな体と上手につき合う

かく言う私は、メタボのど真ん中である。

その要件を漏らすことなく完全に充足している。

お腹周りが、男性で85センチ以上、女性で90センチ以上あること。

それに高中性脂肪、高血圧、高血糖値のうち2つが該当すると「メタボリックシンドローム」と認定されるそうだ。詳細数値は省略するが、私は全項目を充足する「真正メタボ」とでも言うのかもしれない。

医者に通って、いろんな薬を飲み、糖尿病対策でインシュリンも打っているが、(少なくとも今書いている時点までは)極めて元気である。

毎日、食欲は旺盛、元気に仕事場に出かけている。

満員電車を避けての、遅めの出勤である。

仕事が済めば、毎晩欠かさず酒を飲む。この原稿も行けつけのお好み焼き屋のカウンターで一杯やりながら書いている。

糖尿病の大先生は、「1日3合まで」と本や新聞記事に書いているが、私は2軒飲み屋に行って3合で収まるわけがない。1軒目で3合に収めること自体が難しい。

ただ、酒の中で日本酒が一番好きだが、我慢してほとんど焼酎にしている。

確かに体にいいことを心がけることは大切だと思う。

でも、好きなことはやめたくないというか、やめられない。

私の友人がこう言った。

「医者が言うように、タバコはやめ、酒もやめ、運動を始めたら体に悪いだろう。やったことがないことをすれば、ストレスは溜まり、体がびっくりする。みんな健康になったら、医者の仕事がなくなる」

そこそこにしていたらいいと思うが、いかがだろう。

60歳からのルール
73

きもち運動のすゝめ

私は前述のように血糖値も血圧も高い。

タバコは60歳を期にやめたが、酒はどんなことがあってもやめられない。

「血糖値のためにお酒をやめるくらいなら、寿命が何年か短くなってもかまわない」と、かかりつけの糖尿病専門のイケメンドクターにもしっかり伝えてある。

その代わり申告する数値は、絶対にウソをつかない。血糖値を毎日測り、万歩計の数字もちゃんとノートに記入して、笑顔のいいドクターに見せている。

酒はやめられないが、多少は体にいいこともしないといけないと思っている。

過去に通っていたことはあるが、今はスポーツジムも行っていないので、土日も出かけて、できるだけ歩くようにしている。毎日8000歩から1万1000歩ぐらい歩く。

できるだけさっさと歩き、道や床にタイルのような模様があるときは、その大きさに合うよう、大股で歩く。

階段は、（気が進まないが）基本歩いて登る。

ただ、地下の深いところを走る最近の地下鉄の階段は、さすがに歩く気はせず、エスカレーターのお世話になっている。

気が向いたときは、階段を2段ずつ登る。股関節にいいと聞く。

歩くことを目的にするとしんどいが、四季の変化を感じたいとか名所旧跡を訪ねることを目的にすると、歩くことが苦痛でなくなる。

80歳でエベレスト登頂を成し遂げた三浦雄一郎氏は、毎日のトレーニングを目的とせず、山頂から見渡す快感を思い浮かべてトレーニングするという。

60代ともなれば、ひとつや2つ持病があるのが普通だろう。節制ばかり考えるのではなく、継続できる範囲で体をケアして、楽しく生きていくのが幸せと思う。

60歳からのルール
74

毎日を大切に生きるために自己コントロールの「見える化」をする

毎日を大切に過ごそうと50代半ばから私は思っている。繰り返しであるが、「定命」や「死」というものを考えたからである。いつまでもずっと生きているのなら、毎日を大切に生きようなんぞとはつゆ思わないだろう。体のことは、前述したように血糖値をノートに（糖尿病手帳なる専用ノートを医者がくれる）つけている。

確かに書いて見える化すると、コントロールしやすい。血糖値以外に、前日飲んだ場所も書き入れる。シメを食べてしまったときは、おにぎり、ラーメンなどと（覚えていたら）翌日ちゃんと記入する。シメを食べてしまうときは、相当酔っ払って帰ってくるので、その夜にノートをつけることなど忘れているものだ。楽しかった記憶に少しだけ反省を加える。

毎日を大切に過ごそうと思い始めた頃から、どう1日を過ごしたかのログをスケジュール手帳に書き込んでいる。偉そうに言うと、自己評価を手帳につけている。


「◎」は、自分がとても満足いく1日を過ごした。

「○」は、そこそこ満足。

「△」は、満足感と後悔が共存。ここまでは、必ず出かけた日だ。

「×」は、後悔。テレビを観ていて、どこへも出かけない日がある。


こんなことをしなくても自己コントロールできる人は、やらなくてもいい。

しかし、つけていないとストイックになりすぎて、ハメを外すことができないかもしれない。何もかも心配で真面目にしかできない。

反対に、自分の行動を「見える化」しておくと、「今日ぐらいはいいだろう〜」と楽しい夜が過ごせる。

自己コントロールの「見える化」とは、60代を過ごす私にとってハメを外せる幸福感を味わうためのルールでもある。

60歳からのルール

75

必要なリスクマネージメント

同年代の骨折が続いている。

一昨年正月明けの出勤日に親友が足を骨折した。駅に向かう途中、大型薬局の敷地内を横切ろうとして、半分降りていたシャッターに額を打ったとのこと。額も切ったが、その拍子に転倒して、なんと左足も複雑骨折した。手術して、ほぼ2年経った今も金属プレートとネジが9個も入っているそうだ。

そして昨年の正月休みに、その友人で骨折に注意しようと言っていた仲間がバルト地方に海外旅行し、見に行った氷河で足を滑らせて、これまた複雑骨折をした。応急手当だけして成田には車椅子で戻ってきた。そして日本で手術をして、ほぼ1か月は松葉杖であった。こちらは金属プレートとネジが11個も入っているそうだ。

あなたも転倒して骨折した人のことをよく聞かれているのではないだろうか。

子どもは体も骨も柔らかいので、転んでも大丈夫だが、残念ながら我々の年代は、「転んだら骨折」するというリスクが高いことを心しておくべきだ。

つまり、転ばないように、慌てない、無理をしない。

特に下り階段には注意が必要。駅の広い階段を下りるときは、手すりにつかまることができるように、端を歩くことである。


それと、骨折の3分の2は家庭で起こっているらしい。

自分の知り合いにその話をしたら、

「私も3度骨折したわ。そのうち2回は家の中だった」

と答えが返ってきた。おそろしや。

最初は床の上の新聞で滑り、次はスリッパを急いで履こうとしたら滑って転んだという。

リスク管理は、会社ばかりではなく、自分の周りにも必要である。

60歳からのルール
76
早めに断捨離を始めよう

「断捨離」という言葉が最近流行したが、これは我々の年代にとっては大変意味があることだと思う。

「断捨離」とは、簡単に言えば、不要なものを捨てるという意味だが、行く末がそう長くないのであれば、まさに真剣に考えるべきである。

不要なモノを増やさないということはわかっていても、今の持ち物を持ってあの世に行けるわけではない。いずれ、子どもが処分しなければならない。

自分も体験したが、亡くなった親の持ち物を片付けることは非常に難しい。ひょっとして、故人が大切にしたものかもしれない。どれを捨てて、どれを残すのかといちいち考えながら処分するのは大変な作業である。

親の持ち物の処分に何か月もかかったという話はよく聞く。

だからこそ、のちに紹介するリビングノートや遺言に書き残しておこう。

それもまだまだしっかりしているうちに。

もらってくれる人が思い浮かぶものだけ、遺せばいい。

自分では捨てられないけれど、他人に見られたくないものも、長く生きていればあるだろう。

そんなものは「捨ててほしいもの」リストに入れて、中身を見ずに捨ててくれ、と頼もう。リストアップして「～以外は全部捨ててほしい」と残せば、子どもはずいぶん助かる。

まあ、言うのは簡単だが、現実は極めて難しい。

すぐに死ぬかもしれないと誰も思いたくないし、自分が判断できないような病気になるとも思いたくない。

しかし、そろそろ身の周りのモノを減らすことを考え、万一のときに備えて周りの人間に迷惑をかけぬよう、発信しておこう。

60歳からのルール
77

親を介護するなら、一緒に自分の行く末を考えよう

親が元気なときに、

「今から施設に入るように」

と言っても、まだまだ元気でそんな必要はないと断られるのがオチである。

今年86歳になる私の母親もそうなのだが、安全面を考えると、施設に入るのがいいと論理的に話すのに、なかなか通じない。

しかしこれは、我々が何年もしくは何十年かあとに直面する現実的な問題でもある。

我々の子どもたちも元気な親に施設に入れとは言い難いし、かといって我々がボケてしまったら、もっと気ままを言う可能性は高い。

親の介護と自分の行く末は、セットで考えておいた方が効率がいい。

今60歳として、心身ともに健康でいられる期間があと何年続くか。10年かも20年かもしれないが、40年も50年も続きはしないのは確実だ。いつかは車椅子を押してもらい、身の回りを世話してもらい、食事を食べさせてもらうのは周りに迷惑をかけるに決まっている。

そういう支援をしてくれる専門施設に入るならいいが、それを自分の子どもたちに期待するのは「子不幸」である。

はなから介護施設はイヤだどうだと言う前に、現実の生活を見てみるべきだろう。

先日、そうした介護施設を訪問する機会があった。

私自身もいつか入居する日がやってくると思うと、思わず質問してしまった。

「この施設ではお酒は飲めるのですか?」

「はい、大丈夫です。ただしご自分のお部屋でお願いしております。お酒を禁止されている他の方もおられるので、食堂ではご遠慮いただいています」。

ほっと安心した実地体験であった。

60歳からのルール
78

子どもの世話にはならない

「姥捨山《うばすて》」という昔話をご存じだろう。

つくり話ではなく、日本各地に残る実話である。

日本の貧しい村では自分の食い扶持《ぶち》を稼げない年寄りは（もちろん子どもの本意ではないが）、山に捨てられることがあった。

自分の親を、子どもが泣く泣く山に捨てに行かざるをえなかった。村人全体が生き残るための究極の手段であった。

ある年老いた母を山に捨てざるをえないと判断した息子が、母に言った。

「今日の月は満月で綺麗なので、月を見に山に行こう」

もちろん嘘である。息子は母の顔をまっすぐ見ることもできなかった。

息子は、自分では歩けない母を背負って山の中に入って行った。母を下ろした息子は言った。

「ちょっと、ションベンしてくる」

息子は母がいる場所には戻らず、今来た山道を下ろうとした。

ところが、山中の帰り道がわからなくなってしまった。

途方にくれたが、ふと足元を見ると、木の枝が半分に折られている。

よく見ると、折れた木の枝が山道の麓の方まで続いている。

母は、月を見に行くのではなく、自分が山に捨てられることをちゃんとわかっていた。そして、息子が無事に麓の村まで帰る目印となるように、おんぶをされながら手の届く木の枝を折り、山道に落としていったのだ。


親を捨てざるをえない厳しい現実が、以前の日本にはあったのだ。

このような息子や母のことを考えると、我々はわがまま- すぎるのかもしれない。

子どもたちに面倒をかけるのではなく、自ら進んで施設に入る決断をすることなど、この母に比べればずいぶん容易いことではないかと、私は思う。

60歳からのルール
79
やめることも考え始めよう

80歳近くなった先輩からこういう年賀状をいただいた。

「私もいい歳となりました。

身の回りのことをちゃんとやることも辛いと感じることがたくさんあります。

大変失礼ではありますが、年賀状は今年限りとさせていただきたく存じます。

私の歳に免じてお許しください」

今は年賀状自体、流行っていないかもしれないが、我々世代はなかなか思い切れない。ただ確かに、年賀状を毎年送ることは手間である。

だから、それを勘弁してほしいとの申し出があることもよくわかる。今の自分でも、面倒臭い。

やらなければならないことを減らすのも、60歳からすべきことのひとつである。

まだ私は年賀状を送っているが、いずれこのように終わりのご連絡を友人にしたいと思っている。

今まではお誘いがあると、なんでもおつき合いしてきたが、そこそこにしていきたい。自分が行きたいと思う会合には行くが、無理をしたおつき合いは減らしていこうと思っている。

大切な義理は欠きたくないが、そろそろ「集中と選択」のわがままを言わせていただくつもりだ。


話は年賀状に戻るが、きわめつけがあった。

上記のようなご挨拶のあとにこう書かれていた。

「年賀状は今後失礼しますが、私が他界したときには、家族からその旨ハガキでご連絡いたします」

私も年賀状をやめるときに使わせてもらうつもりである。

60歳からのルール
80

借金は墓場まで持って行く

一般的に、サラリーマンが家を買うときはいくらかの金額の住宅ローンを組む。しかし「借金はしたくない。できれば早く返済したい」というまっとうな気持ちは、日本人のように生真面目な民族の多くが持っている。月々の支払い予定金額を見て、返せるかどうか借り手が真面目に考える（もちろん貸し手も信用審査はする）。海外では、貸し手が「この人はちゃんと返済するだろうか」と心配するが、借りる側は日本人ほどは心配していないようだ。

こんな生真面目な日本人であるから、退職金で残りの住宅ローンを一括返済する人が結構いるらしい。

自分の10歳上の先輩も、退職と同時に一括返済した。もともと几帳面な性格で、年金ぐらいしか収入が見込めないのに借金を抱えているのはイヤだったのだろう。

でも私は、借金をあえて返済しない選択肢もいいと思う。

実際、私は63歳で、住宅ローンの残高がある。

日本の制度はよくできていて、必ず住宅ローンには生命保険契約がセットになっている。つまり、借り手が不幸にして亡くなってしまったら、家族がローン返済を迫られるのではなく、保険金でローンが返済される。

現実にあるかどうかは別にして、最悪のパターンは、退職金でローンを返済して、その後すぐに亡くなることだ。退職金の大部分が返済で消え、家族に多くを残せない。

反対に、退職金を手元に残していたら、その中からローンの返済もできる。そしてなによりも、ローン完済までに死んだらその分は保険から下りるだけで、自分の銀行残高は減らない。

銀行ローンの定額返済では、年数が経つとだんだん金利の部分が小さくなってくる。だから金利だらけの借金を背負っていると悲観的に考える必要はもうない。

無理して生真面目に退職金でローンを返済する必要はないのである。

60歳からのルール
81

60歳からの酒とのつき合い方

お酒を飲めない人を「下戸《げこ》」というが、この言葉はそもそも昔の身分制度からきている。

その昔お酒は、お神酒《みき》というごとく、神への贈り物であり、大変貴重なものであった。よって、「上戸《じょうご》」と呼ばれる身分の高い人は常にお酒を飲め、身分の低い「下戸」は限られたときしか飲むことが許されなかった。本来は、飲むことが許されないのが「下戸」であるが、転じて飲めない人を「下戸」と呼ぶようになったという。

身分制度がなくなったお陰で、こんな私も神への贈り物を遠慮なしにいただける。なんと幸せなことか。そういうつもりで感謝をしながら、毎日エンジョイしている。

尊敬する福沢諭吉も大酒飲みであったそうだ。

「仕事こぼしても酒こぼすな」と言った立派な経営者もいた。

とかなんとかいって、酒飲みを正当化しようとする姑息な私である。

ただ、やはり60歳も過ぎると、わきまえないといけないと思う。

40、50代は、飲んだときの記憶が「まだら」であったが、最近は「ブラックアウト（停電）」していることが多い。2軒目からどこで誰と飲んでいたか、全く記憶にないことも多い。もちろんどうやって家に戻ってきたかも。翌日財布の中の領収書を見て、ああここにいたんだと思うことがよくある（だから、領収書をもらうようにしている）。

飲んで生垣に突っ込んだり、道路で転倒したり、自爆も数知れずあるが、人様だけには迷惑をかけたくない（と頭ではわかっている）。

中国の詩人于武陵の詠んだ「勧酒」という句がある。井伏鱒二の訳が有名だ。

コノサカヅキヲ受ケテクレ　ドウゾナミナミツガシテオクレ

ハナニアラシノタトヘモアルゾ　「サヨナラ」ダケガ人生ダ

8章

家族と社会に遺すもの

60歳からのルール

82

家を手放す

第7章で断捨離について書いた。

60歳からはできるだけ身の回りのものを減らして、いつか遺品の整理に子どもを煩わせないようにしたい。

85歳を超えた先達が、自宅の場所と隣地に大きな賃貸マンションが建つので、立ち退きしなければならないと愚痴をこぼしておられた。

「駅に近いし、その賃貸マンションに住むのもいいかもしれませんね」

と私が言うと、

「マンションになんか、ウチの荷物が入り切らない。一軒家でないと」

と言って、別の場所に一軒家を買った。

残念なことに、数年して、その方は亡くなった。

この例に限らず、不動産なるものは、相続の手続きが大変だし、売るにも時間がかかる。

子どもに不動産を残すのは、実は面倒臭いことを先送りしているだけだ。

もし不動産を買うお金があれば、それを現金で持っておいて、借家に住んでもいいかもしれない。

私も例外ではなく、駅から20分近く歩かなければならない一軒家にいる。

４人家族で住んでいたが、すでに子どもたちは独立して、女房と2人である。今はまだ元気だが、いずれ駅前の便利なところが理想の住処となるのは間違いない。

「ここを売って、駅に近いところに住みたい。2人だけだし、賃貸でもいいじゃないか」

と言うと、女房に即座に却下された。

私に浪費癖があるのを熟知しているので、現金にしていたら、アッという間になくなってしまう、面倒でも不動産の方がいいと判断されているのであろうか。

理屈では、現金を残してやる方が子どもにとってはいい、のである。

60歳からのルール
83
株と競馬には手を出すな

定年になると、退職金というまとまったお金を手にして舞い上がるのと、現役の間は難しかった場中での取引が可能になるために、60代の半数が一度はデイトレードにトライするという。

しかし、全くもってオススメしない。

私の親父は3年前に脳梗塞で亡くなった。

病院に半年ぐらいいたが、治療費などは親父の（多少の）現金からキャッシュカードで下ろして、支払っていた。

相続についてようやくちゃんと考え始めて、ややこしいのは、先に書いた不動産もそうだが、株であることを知った。

株は、本人の意識が定かでなくなると伴侶や子どもでもその売買ができない。

ネット取引をやっていて、パスワードを家族が知っていたら別かもしれないが、証券会社に電話をしての売買は、まずできなくなる。

どの証券会社にどれだけ株を持っているのか、本人以外知らないことも多い。

しかも本人が亡くなると、税理士さんが書類を作って相続手続きが済まないと現金化できない。面倒なことである。

60歳を超えると、いつ何が起きるかわからない。

自分の入院費や葬式代などをまかなえる現金は持っておいて、キャッシュカードは家族に渡せるようにしておきたい。

何より私の知り合いで、株の売買だけで生計を立てている人や儲け続けている人は全くいない。株をやっている人はいるが、そもそも素人なので、だいたいが負けている。

ちなみに、競馬で生計を立てている人も毎年勝ち続けている人もいない。

残された人生は、株式投資や競馬ではないことに使いたい。自分だけではなく、家族にも不便をかけるからだ。

60歳からのルール

84

家族とも「淡交」がいい

生き方は人好き好きである。

人とのつき合い方もいろいろあっていいと思うし、あれがいい、これはダメと申し上げるつもりは毛頭ない。

しかし、私のオススメは前にも言ったとおり「淡交」である。

「淡交」とは、その字の通り、「淡いつき合い」である。

長くおつき合いしたい人、大切な人であるからこそ、べったりつき合うのではなく、ある程度の距離を置いておつき合いをすることを淡交という。

これは、何も友人知人とのつき合いだけではない。

家族も淡交がいい（と私は思う）。

常にべったり至近距離にいると、人間誰しもイヤなところが見え、しんどいと思うことがある。

サラリーマン生活を何十年としてきて、その間朝昼はほとんどいない生活をしてきたのだから、突然亭主が家にいるようになると、どんな良妻賢母でも鬱陶《うっとう》しいと思うだろう。

朝麻雀屋でもどこぞの飲み屋でも会合にでも出勤して、夜帰ってくる方が、はるかにいいと思う。

奥さんが、「亭主元気で留守がいい」と言い、亭主が、「女房元気で留守がいい」と言える淡交は、精神的にもいいだろう。

子どもにも、必要以上に干渉しない。すでに成人して自分の生活を持っているのだから、何か助けが必要なときはあちらから連絡してくる。

普段ベタベタしていないと、たまに集まって食事をすると話が弾み、酒が進む。

友達にもそうである。定年後いくら時間ができたからといって、いつも同じ友達を誘っていると、相手が面倒臭く感じるかもしれない。

適度に距離を置いたつき合い方もいい。

60歳からのルール
85

子どもに立派な友人を紹介する

親の言うことをなかなか素直に聞かない子どもが少なくない。反抗期や思春期の頃に一度できてしまった親との壁は、大人になっても崩れにくいようだ。

親の言行不一致や悪い癖を身近で見ているからかもしれない。

しかし、他人の言うことは比較的ちゃんと聞く。

私の子どもは、現在33歳の長男と31歳の長女であるが、機会あるときに私が尊敬している人たちと引き合わせている。元気あふれる後輩や志高い後輩も紹介する。食事会や飲み会という機会が多い。

私は、「人から学ぶ」ことは、貴重なことだと思っている。

研修などでは、「学びの3原則」と名付けてお勧めしている。
①仕事から学ぶ
②人から学ぶ
③書物から学ぶ
だから、これという気心の知れた人物と一杯やるときは、子どもに声をかけることがある。

主催する勉強会や交流会に、お子さん連れで来ていただくのも大歓迎である。

自分の子どもたちも、最初は恥ずかしがっていたが、そのうち親以外の人生の先輩から話を聞くことがおもしろくて参考になるといって、よく参加するようになった。

若者の意見を聞くことができて、こちらも勉強になる。

60歳からのルール

86

始めること（社会貢献）隠徳を積む

そろそろ、何らかの形で社会貢献するのもいい。

ボランティアやNPO活動もいい。

山ほどできる社会貢献はある。ネットで調べるとたくさん出てくる。

若者の悩みを聞く、塾に行く余裕のない子どもの勉強を見る、高齢者見守りといった地域密着型のものから、海外支援物資の仕分け、ワークショップの手伝い、NPOの事務局運営等々。

サラリーマン人生で培ったビジネス実務の腕を活かせる場も多い。

私も次世代のための無料の勉強会をしたり、ささやかではあるが、返礼品獲得の目的ではなく、ふるさと納税をしたりしている。

体を動かし、知恵を活かして順送りするだけでなく、直接的な寄付行為も、貢献のひとつである。

幕末生まれで安田善次郎という安田財閥を築いた人がいた。幼い頃から苦労をして、丁稚奉公をして、やがて自分の店を持ち、晩年には公共事業などの金融面で貢献した。今のみずほフィナンシャルグループの礎である。東大安田講堂や日比谷公会堂なども善次郎の寄付だが、匿名での寄付も数多いという。

すごい生き方をした人なので、興味のある方は本を読んでほしい。

安田善次郎は親から「陰徳」というのを教えられ、生涯それを大切にした。「陰徳」とは、人様に見えないところで徳を積むことだ。

寄付も匿名ですべきであり、いちいち名乗る必要もない。

売名行為では最低である。

安田善次郎のようにはなかなかできないが、60歳からは「陰徳」という言葉を意識したい。

60歳からのルール

87

徳は孤ならず、かならず隣あり

介護・看護業界の人に聞くと、老人用施設でポツンと一人きりでいるのは、決まって男性らしい。

自分の親父がリハビリ病院にいる頃、病院は気分転換のために他の患者さんと一緒にランチをするのを勧めていたが、性に合わないと言って、いつもひとりでいた。

女性と男性の社交性の違いである。

繰り返しだが、男性は会社という仕組みが、人づき合いや必要なコミュニケーションをリードしてくれていた。極端に言えば、サラリーマンとして必要な最少限度のつき合いしかできない男性が多い。

女性は、会社時代のつき合い、近所づき合い、ママ友づき合い、趣味のつき合いなど幅広いつき合い方を経験しており、環境に合わせて新しいつき合いができる。

歳をとってくると、新しい人に出会う機会が少なくなる。

自ら出かけて行かない限り、新しい人や年代の違う人にめぐり会えない。

私の3歳上の友人は、自分でセミナーを開いたり、多くのイベントを企画したりして、年中新しい人や若い男女にも会っている。彼は同年代の仲間から、「若いねー」と言ってもらえるそうだ。

それは、いつも若い人たちと一緒にいるからだという。私もそう思う。

同年代ばかりではなく、若手とも交流をして、いい仲間を増やしておこう。

単に出会えば友達になれるというわけではない。いい友達となるには、相手のためにやれることは（面倒がらずに）喜んでやろう。

長く社会人をしてきたのだから、知恵を授けることもできるだろう。

知恵がなければ、汗をかけばいい。交流会で酒を注ぐのもよし。幹事の手伝いをするのもよし。

「徳は孤ならず、かならず隣あり」という論語の言葉がある。

徳のある人は孤独ではなく、協力者が必ず隣にいてくれるという意味である。

60歳からのルール

88

今後のことを言葉に遺す

巻頭に「リビングノート」を載せた。

これまで生きた日々をまとめ、今の思いを言葉にし、これからのことを考える場所にしていただければと思う。

「リビングノート」の表面は、これからの人生を幸せに生きるためのものだ。

この本を読んで「私ならこうする」「これからこんなことをしたい」などと思ったことをどんどん書き込んでほしい。言葉にすると、スッキリする。

「リビングノート」の裏面は、よく「エンディングノート」と呼ばれているものの簡易版である。自分のエンディング（病気や死）に備えて、必要情報を書き残しておくものだが、私はこれは生きていく中でも大事だと思うので、これも含めてリビングノートと呼びたい。

その中でも大切なのは、自分が病気になったときどのような看病や治療を望むかを明記すること。

家族は、1日でも長く生きてほしいだろう。どこまでの延命治療をするかなどは、本人が決めておくと、家族の悩みは減る。

私の知り合いも脳梗塞で入院している。全く意識はなく、ずっと眠っているのだが、顔はふっくらとしていて顔色もいい。胃瘻《いろう》で栄養はしっかりとれているらしい。私は、「胃瘻も含めて延命治療は不要」と書いた。

次に大切だと思うのは、金額の多寡に限らず財産目録。パソコンの表計算ソフトなどを活用してリストにまとめれば、間違いにくい。その代わり、どこにそれを保存したかをしっかり示しておこう。

もちろん、あなたの人生は、こんな紙切れ1枚で収まるものではないだろう。書き切れない分は、別途ノートにでもパソコンにでも、存分に書いてほしい。これからを考える一端となれれば、幸いである。

※リビングノート裏面の構成は、相続手続支援センターさんの了解を得て「わたしの歩いた道」を参考にさせていただいた。
問い合わせ先　電話　03（3343）3261

あとがき

100歳以上「幸せに」生きることができれば、こんなに素晴らしいことはない。

しかし、「いたずらに百歳生きるは憎むべき月日なり」（道元）という言葉がある。100歳までただ「いたずらに」生きているのなら、それは月日が無駄であるという意味だ。


誰でも長生きしたいと思う。

しかし、もう少し正確に、健康であるという意味も含めて「幸せ」に生きることができるなら、長生きしたい。

人様に迷惑をかけてまで長生きしたいだろうか。

伴侶や子どもであっても過多な迷惑はかけたくない。

回復する見込みが薄い病気で人工生命維持装置をつけてまで長生きしたいだろうか。家族はどう思うかは別にして、私はそこまでしたいとは思わない。

つまり「長い寿命」ではなく、「長い健康寿命」がほしい。

健康な状態、もしくは人様に迷惑をあまりかけない状態で、長く生きたい。

ちなみに、100歳以上で死ぬ人は、自分の葬式で寂しがっているという。自分と同年代の友達はほとんど死んでしまっているので、その分葬儀に来てくれる人が少ないから。

それより、60歳を過ぎてあと20年か30年か何年生きるか知らないが、残された日々を自分のやりたいように過ごすのが大切ではないだろうか。

自分らしく目一杯生きればいい。

毎日を有意義に過ごし、それでたまたま健康寿命が長くなれば「もうけもの」と思えばいい。こんな楽しい人生はないだろう。

末筆ではあるが、かたい頭にヒントをいただき、動きの鈍い背中を押してくれた本書の編集者藤田知子さんに謝意を表したい。

古川 裕倫

■著者略歴

古川　裕倫（ふるかわ　ひろのり）

1954年生まれ。早稲田大学商学部卒業後、三井物産に23年間勤務。
その間、ロサンゼルス、ニューヨークに通算10年駐在。
2000年から07年までホリプロ取締役を務める。

現在、一般社団法人彩志義塾代表理事、情報技術開発株式会社社外取締役、企業風土改革コンサルタント。マインド研修講師。
「先人・先輩の教えを後世に順送りする」を信条とし、「世田谷ビジネス塾」「堂島読書会」「女性社員のための立志塾」を定期的に開催している。
http://www.saishi.or.jp
http://www.taku-an.co.jp/

著書：『他社から引き抜かれる社員になれ』（ファーストプレス）、『あたりまえだけどなかなかできない51歳からのルール』（明日香出版社）、『コーチング以前の上司の常識「教え方」の教科書』（すばる舎）、『バカ上司その傾向と対策』（集英社新書）、他多数

本書の内容に関するお問い合わせ
明日香出版社　編集部
☎(03)5395-7651

あたりまえだけどなかなかできない　60歳《さい》からのルール

2018年　1月　22日　初版発行

著　者　古《ふる》　川《かわ》　裕《ひろ》　倫《のり》
発行者　石　野　栄　一

明日香出版社
〒112-0005 東京都文京区水道2-11-5
電話 (03) 5395-7650（代表）
(03) 5395-7654（FAX）
郵便振替 00150-6-183481
http://www.asuka-g.co.jp

■スタッフ■　編集　小林勝／久松圭祐／古川創一／藤田知子／田中裕也／生内志穂
営業　渡辺久夫／浜田充弘／奥本達哉／平戸基之／野口優／横尾一樹／関山美保子／藤本さやか　財務　早川朋子

印刷　美研プリンティング株式会社
製本　根本製本株式会社
ISBN 978-4-7569-1946-5 C0036

編集担当　藤田知子

あたりまえだけどなかなかできない 51 歳からのルール

古川　裕倫

仕事人生も 30 年近くになり、それなりの業績を残し、
肩書きや責任もついた。
定年まであと 10 年、どう形を後に伝えるか、どう応援するか。
第二の人生をどう考えて実行していくか。
人生後半戦を楽しく有意義に過ごすための、
兄貴からの指南書です。

本体価格 1400 円＋税
B 6 並製　240 ページ
ISBN978-4-7569-1382-1　2010/05 発行